MATHÉMATIQUE, SCIENCE ET TECHNOLOGIE

Tangram

2ᵉ cycle

Manuel A

Collection Math-science
dirigée par Lise Laurence

Simone Bettinger
Manon Geoffroy
Alain Labonté
Marie-Claude Matteau

Collaboration et révision scientifique

Mathématique
Louise Poirier
Professeure agrégée
Département de didactique
Université de Montréal

Science et technologie
J. Robert Lalonde
Consultant en éducation

ÉDITIONS DU RENOUVEAU PÉDAGOGIQUE INC.

5757, RUE CYPIHOT
SAINT-LAURENT (QUÉBEC)
H4S 1R3

TÉLÉPHONE : (514) 334-2690
TÉLÉCOPIEUR : (514) 334-4720
COURRIEL : erpidlm@erpi.com

Éditrice
Liette Mercier

**Chargées de projet
et réviseures linguistiques**
Ginette Choinière
Marie-Josée Farley

Correctrice d'épreuves
Lucie Bernard

Conception de la couverture
diabolo-menthe

Réalisation de la couverture
ERPI

Conception graphique
ERPI

Réalisation graphique
Matteau Parent graphisme
et communication inc.
• Mélanie Chalifour
• Geneviève Guérard

**Recherche iconographique
et demande de droits**
P. R. Bernier

Tangram tient compte des trois temps
de l'action en classe.

Pêle-mêle : préparation
aux apprentissages.

Pièce à pièce : réalisation
des apprentissages.

Tangram : intégration
et réinvestissement
des apprentissages.

L'éditeur tient à remercier les enseignantes et les enseignants
des écoles suivantes pour leur précieuse collaboration:
Courval, c. s. de Portneuf: **Huguette Julien**; de L'Escalade,
c. s. des Draveurs: **Nancy Tremblay**; Demers, c. s. de Laval:
Nathalie Choquette; des Grands-Chemins, c. s. de la Seigneurie-
des-Mille-Îles: **Manon Ethier**; des Mésanges, c. s. de la Seigneurie-
des-Mille-Îles: **Pierrette Meloche**; des Rapides-Deschênes,
c. s. des Portages-de-l'Outaouais: **Geneviève Côté** et **Nadine
Peterson**; Maurice-Jodoin, c. s. Saint-Hyacinthe: **Céline Lussier
Cadieux**; Notre-Dame-de-Grâce, c. s. de Montréal: **Luc Gravel**;
Notre-Dame-des-Neiges, c. s. de Montréal: **Josée Brochu** et
Carmen Morin; Notre-Dame-de-Duberger, c. s. de la Capitale:
Nicole Delisle; Prévost, c. s. Rivière-du-Nord: **Jean Dicaire**;
Les Primevères-Jouvence, c. s. Des Découvreurs: **Jocelyne Perreault**;
René-Pelletier, c. s. Pointe-de-l'Île: **Magali Fortin**; Saint-Dominique,
c. s. des Navigateurs: **Cécile Boutin**, **Huguette Picard** et **Manon Roy**;
Sainte-Bernadette-Soubirous, c. s. de Montréal: **Lise Grégoire**;
Terre-des-Jeunes, c. s. Marguerite-Bourgeoys: **Antoinette
Charlebois-Faubert** ainsi que **Paulette Perron Brochu**, conseillère
pédagogique, c. s. des Portages-de-l'Outaouais, **Stéphane Vallée**,
conseiller pédagogique, Académie François-Labelle et **Jeannine
St-Amand**, chargée de formation pratique à l'Université Laval.

Dépôt légal: 3ᵉ trimestre 2002
Bibliothèque nationale du Québec
Bibliothèque nationale du Canada

ISBN 2-7613-0871-9
IMPRIMÉ AU CANADA

234567890 IE 09876543
2640 ABCD   JS-I2

Bonjour !

C'est la rentrée !

De nouveaux amis, de nouveaux défis, de nouveaux projets s'offrent à toi.

Avec *Tangram*, tu découvriras une piste différente pour explorer le monde : celle de la science et de la technologie, en plus de celle de la mathématique.

À toi d'assembler les pièces qu'on te propose pour observer :

- la nature qui t'entoure ;
- l'architecture des édifices que tu peux voir ;
- les inventions qui te fascinent ;
- les œuvres d'art qui embellissent ton environnement.

Le pictogramme ⛰ te signale les activités qui peuvent représenter un défi pour toi.

Le pictogramme 🖩 t'indique les activités où tu peux utiliser ta calculatrice.

Bonne exploration !

Lise
Simone
Manon
Alain
Marie-Claude

Table des matières

L'architecture

Mot à mot

Biblioscience

La nature

« Je suis riche parce que ma fortune, c'est la nature ! »
CHARLES TRENET

La mathématique nous aide
à comprendre le monde.
Avec la science et la technologie,
elle nous permet, par exemple,
de calculer la distance qui sépare
la Terre des étoiles. Grâce à elle,
nous pouvons mesurer la hauteur
d'une montagne.

Mais quel lien la mathématique peut-elle
avoir avec un chou-fleur, un escargot
et une marguerite ?

Lis ce qui suit et ouvre grands tes yeux :
Tangram t'invite à découvrir de quelle manière
la mathématique se cache dans la nature.

Sur les bancs d'école

Chers parents,

Avec *Tangram*, votre enfant aura l'occasion de vivre des situations dans lesquelles la mathématique, la science et la technologie se côtoient. Le premier thème abordé est «La nature». Votre enfant y observera le monde végétal et le monde animal.

À la maison, vous pourriez inviter votre enfant à décrire les changements qui se produisent à l'automne, tant chez les végétaux que chez les animaux: les feuilles qui changent de couleur, puis qui tombent, les animaux qui hibernent ou qui changent de fourrure, etc. De plus, vous pourriez lui faire remarquer l'utilité des graines dans la vie de tous les jours: graines de café, graines de tournesol, graines de cacao, noix, etc.

Votre enfant aura aussi l'occasion de faire une révision de ses connaissances mathématiques. Il poussera plus loin sa compréhension de notre système de numération en base 10, ce qui lui est nécessaire pour améliorer ses techniques de calcul. Pour ce faire, nous l'amènerons à utiliser un tableau de numération qui facilite la résolution d'opérations liées à de grands nombres. Votre enfant utilisera donc une technique d'opération qui est très différente de la vôtre. Il est important de lui laisser faire ses apprentissages, car ils l'amèneront, au cours de l'année, à utiliser une technique qui se rapprochera graduellement d'une technique plus conventionnelle.

Certaines activités permettront à votre enfant de s'initier à l'utilisation du millimètre dans le mesurage de la longueur de très petits objets, des graines par exemple. D'autres activités l'inviteront à explorer plus précisément des situations touchant le sens de la multiplication et les notions d'égalité, d'inégalité et d'équation.

Pour accompagner votre enfant, vous pourriez l'encourager à observer le plus souvent possible la présence de la mathématique dans la nature ou son utilité à la décrire: nombre régulier de pétales dans une fleur, forme de certains végétaux, longueurs à mesurer, etc.

Plusieurs termes sont définis dans la section «Mot à mot» à la fin du manuel. Ils peuvent vous servir à aider votre enfant dans sa compréhension de certaines consignes.

Nous espérons que cet ouvrage contribuera à donner le goût de la mathématique et de la science à votre enfant.

Les auteurs de la collection *Tangram*

Un nuage, une fougère, un chou-fleur : quelque chose en commun ?

Un nuage, une fougère
et un chou-fleur sont des objets
de la nature. À première vue,
ils n'ont rien en commun.
Mais si tu les observes
attentivement, tu remarqueras
que chacune de leurs plus
petites parties a la forme
de l'objet entier.

Le flocon créé par le mathématicien
Von Koch illustre bien ce phénomène.

À toi d'expérimenter !

1° Dessine un carré ayant des côtés
de 8 cm chacun et trace un point
au milieu de chacun des côtés.

2° Dessine un plus petit carré autour
de chaque point que tu as tracé.

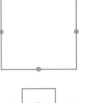

3° Dessine un plus petit carré au milieu
de chaque côté des carrés que
tu as dessinés au numéro 2.

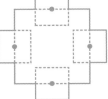

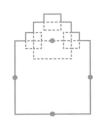

Une coquille en forme de spirale : pourquoi ?

Lorsqu'il est petit, l'escargot a une petite coquille.
En grossissant, il a besoin d'une plus
grande coquille. Un anneau s'ajoute
alors à l'ouverture de sa coquille.
Cet anneau est un peu plus large
que l'anneau précédent. Ce phénomène se répète
jusqu'à ce que l'escargot soit devenu adulte. En frottant par terre,
le cône formé par ces anneaux se tord et devient une spirale.

Représente l'agrandissement de la coquille de l'escargot.
Utilise des cubes emboîtables.

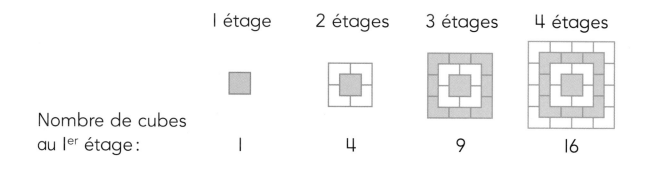

	1 étage	2 étages	3 étages	4 étages
Nombre de cubes au 1er étage :	1	4	9	16

1 Combien de cubes faudrait-il pour ajouter :

  a) 1 étage à la dernière construction ?

  b) 1 étage de plus qu'en a ?

2 Chaque étage de la dernière construction est composé
d'un certain nombre de cubes.

  a) Écris la suite de ces nombres dans l'ordre croissant.

  b) On appelle ces nombres « nombres carrés ». Explique pourquoi.

  c) Ajoute 3 nombres à la suite écrite en a.

La nature sait-elle compter?

En général, les fleurs ont 3, 5, 8, 13, 21, 34, 55 ou 89 pétales.
Par exemple, le lys a 3 pétales, le bouton-d'or en a 5 et l'aster en a 21.
La marguerite peut avoir 34, 55 ou 89 pétales.

1 Observe la disposition
des graines sur un tournesol.

a) Combien de courbes
comptes-tu à partir :
   - de la ligne rouge ?
   - de la ligne bleue ?

Utilise un transparent.

b) Que remarques-tu ?

2 Observe un vrai ananas.

a) Combien de courbes comptes-tu :
   - dans un sens ?
   - dans l'autre ?

b) Que remarques-tu ?

3 Imagine que tu tiens une marguerite dans ta main.
Elle a 34 pétales. En l'effeuillant, tu récites la comptine :
« un peu - beaucoup - passionnément - à la folie ».
Par quel mot dois-tu commencer la comptine
si tu veux terminer par « à la folie » ?

Mon arbre

Les arbres sont précieux. L'air qu'on respire est purifié par leur feuillage. Leurs branches, leur tronc et leurs fruits servent à nous abriter, à nous chauffer et à nous nourrir. Leurs racines empêchent le sol de s'effriter.

De plus, les arbres sont si beaux! Ils embellissent notre environnement par leurs formes, leurs couleurs et leurs parfums.

Mais les arbres sont fragiles. Les vents violents, la foudre, les insectes et surtout les êtres humains peuvent les détruire. Il faut les protéger. Notre vie en dépend.

Drôlement utile !

Choisis 3 problèmes.
Trouve leur solution.
Laisse des traces de ta démarche.

1 Chaque jour, l'été, un gros chêne
peut rejeter 100 litres de vapeur d'eau
dans l'air. Il y a 8 gros chênes dans un parc.
Combien de litres de vapeur d'eau ces 8 chênes
rejettent-ils dans l'air en une journée ?

2 Quand il fait chaud, un gros arbre peut absorber
l'équivalent de 5 baignoires d'eau avec ses racines.
Combien de gros arbres faudrait-il pour absorber
l'équivalent de 25 baignoires ?

3 Il faut 19 arbres adultes pour produire 1 tonne
de papier. Combien d'arbres adultes faudrait-il
pour produire 10 tonnes de papier ?

4 Un très gros arbre, comme le séquoia, fournit assez
de bois pour construire 30 maisons. Combien de très
gros arbres faudrait-il pour construire 90 maisons ?

5 Si elle récupère tous ses journaux, une famille
peut sauver entre 1 et 2 arbres par année.
Combien d'arbres seraient sauvés chaque année,
si toutes les familles de ta classe récupéraient
leurs journaux ?

Attention : fragile !

Pour chaque problème, trouve la solution.
Laisse des traces de ta démarche.

a) Il y a eu 723 incendies de forêts en 1990.
   La foudre a causé 90 de ces incendies.
   Tous les autres ont été provoqués par les humains.
   Combien d'incendies les humains ont-ils allumés ?

b) Dans nos forêts, 1 arbre sur 3 est un feuillu.
   Combien de feuillus y a-t-il dans une forêt
   de 300 arbres ?

c) Chaque fois qu'elle coupe 1 arbre, une entreprise plante
   3 nouveaux arbres. En un jour, elle a planté 90 arbres.
   Combien d'arbres l'entreprise a-t-elle coupés ?

Ton projet

Tu choisiras un arbre et tu créeras une affiche
pour le présenter aux autres élèves. Tu devras
les convaincre de protéger ton arbre.

Pour bien présenter ton arbre, tu devras :

- faire une courte recherche ;

- calculer approximativement
  le nombre de branches,
  de feuilles et de fruits qu'il contient ;

- estimer ou mesurer :
  sa hauteur, la grosseur de son tronc, la longueur de
  ses branches, les dimensions de ses feuilles et de ses fruits ;

- décrire et dessiner sa silhouette, la forme de ses feuilles
  et de ses fruits ;

- organiser et communiquer tous ces renseignements
  à l'aide du langage mathématique.

Sur la branche

Pour chaque problème, trouve la solution.

a) Imagine :

- qu'un sorbier a 9 branches,
- que chaque branche a 9 feuilles,
- et que chaque feuille a 9 folioles.

Combien de folioles y a-t-il en tout dans ce sorbier ?

Foliole

b) Imagine :

- que des petits sapins ont 5 grosses branches chacun,
- que chaque grosse branche a 5 petites branches,
- et que chaque petite branche a 5 aiguilles.

Combien de petits sapins y a-t-il si on compte 250 aiguilles en tout ?

c) Imagine :

- que des pommiers ont 6 grosses branches chacun,
- que chaque grosse branche se sépare en 5 petites branches,
- et que chaque petite branche porte 10 pommes.

Combien de pommiers faut-il pour obtenir plus de 500 pommes ?

d) Il y a 120 poires dans un poirier.
S'il y a le même nombre de poires par grosse branche, combien de grosses branches et de petites branches peut-il y avoir dans le poirier ?
Fais une proposition de groupement.

Faire bonne mesure

1 Observe l'arbre que tu as choisi.
Évalue approximativement sa hauteur :

- en estimant la hauteur d'un objet de ton environnement et en la comparant avec celle de ton arbre,

- ou en suivant la démarche de l'encadré.

Démarche pour mesurer la hauteur d'un arbre

1° Demande à un ou une élève de se placer à côté de ton arbre.

2° Tiens un crayon à bout de bras et éloigne-toi jusqu'à ce que tu aies l'impression que ton arbre a la même hauteur que ton crayon.

3° Tourne ton crayon à l'horizontale. Fais correspondre sa base avec le pied de l'arbre.

4° Demande à l'élève de s'éloigner de l'arbre jusqu'à ce que tu le ou la vois à l'extrémité de ton crayon.

5° Mesure la distance qui sépare l'élève de ton arbre. Cette distance correspond à la hauteur de ton arbre.

2 Convertis les mesures en décimètres.

a) 5 m et 6 dm

b) 10 m

c) 4 m et 10 cm

d) 8 m et 30 cm

e) 6 m et 12 dm

f) 350 cm

g) 980 cm

h) 15 m

3 Convertis les mesures en centimètres.

a) 5 m et 6 dm

b) 45 dm

c) 4 m et 12 cm

d) 7 m

e) 6 m et 12 dm

f) 3 m et 6 dm

g) 987 cm

h) 10 m

4 Convertis les mesures en centimètres.

a) Le tour du tronc d'un très gros séquoia peut mesurer **24 mètres**.

b) Le fruit du baobab peut mesurer **3 décimètres** de longueur.

c) Un eucalyptus grandit de plus de **10 mètres** par année.

d) Le tour du tronc d'un gros châtaignier peut mesurer **57 mètres**.

e) Le plus grand séquoia au monde mesure **110 mètres** de hauteur. Le tour de son tronc mesure **11 mètres**.

f) Des feuilles de nénuphars peuvent mesurer **2 mètres** de largeur.

g) Des feuilles de palmiers peuvent mesurer **20 mètres** de longueur.

Modèle réduit

1 Associe chaque arbre à un solide
qui a une forme semblable à la sienne.

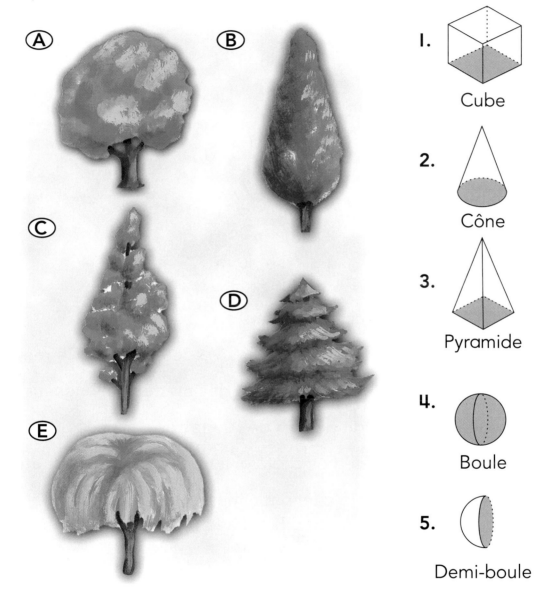

Ⓐ

Ⓑ

Ⓒ

Ⓓ

Ⓔ

1.

Cube

2.

Cône

3.

Pyramide

4.

Boule

5.

Demi-boule

2 Associe chaque arbre à une des figures planes ci-dessous.

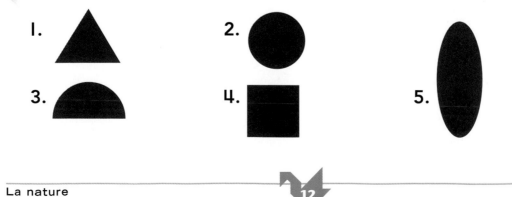

1.

2.

3.

4.

5.

Mon affiche

Le séquoia

Le séquoia peut atteindre plus de 100 mètres de hauteur. Le tour de son tronc peut mesurer plus de 20 mètres.
Il peut vivre plus de 4000 ans si on le protège.
Les incendies de forêts représentent sa plus grande menace.

Le baobab

Le baobab possède un énorme tronc.
La forme de son feuillage ressemble à une demi-boule. Ses branches sont comme d'énormes racines. Le tour de son tronc mesure au moins 6 mètres.
Il protège les personnes et les animaux de la chaleur intense du soleil.

Résous les problèmes suivants.

a) Combien d'élèves de ta classe devraient se donner la main pour réussir à faire le tour :
- d'un séquoia ?
- d'un baobab ?

b) Combien de fois la hauteur de ta classe serait-elle contenue dans celle d'un séquoia ?

c) Si un séquoia a commencé à pousser l'année de ta naissance, jusqu'à quelle année pourrait-il vivre ?

Pêle-mêle

Dans le sac

1 Indique quelles illustrations représentent le nombre 543 (cinq cent quarante-trois).

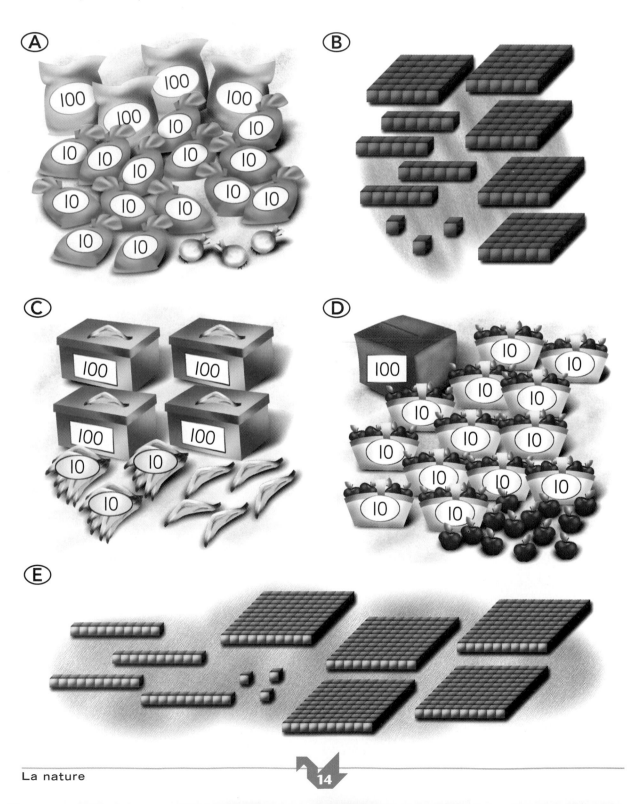

2 Indique quelles illustrations représentent le nombre 806
(huit cent six).

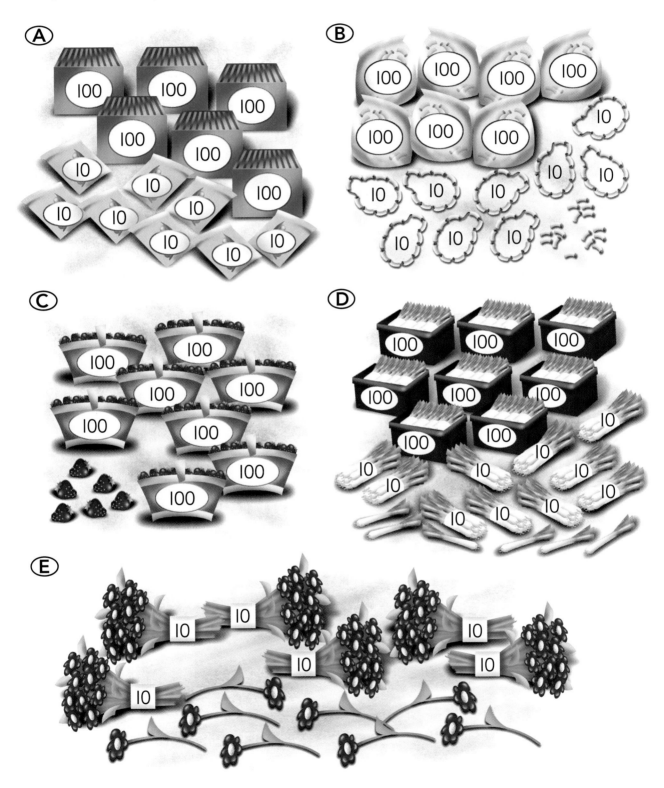

3 Représente le nombre 648 de deux façons différentes.
Compare tes représentations avec celles d'un ou d'une camarade.

Des représentations en base 10

Les chiffres et leur position dans un nombre

Les nombres que tu utilises sont des nombres en base 10.
Pour écrire ces nombres, tu utilises les chiffres :
0, 1, 2, 3, 4, 5, 6, 7, 8 et 9.
Ces chiffres sont placés à différentes positions dans le nombre.

Par exemple, dans le nombre 254 :

- le chiffre 4 est en 1re position,
- le chiffre 5 en 2e position,
- et le chiffre 2 en 3e position.

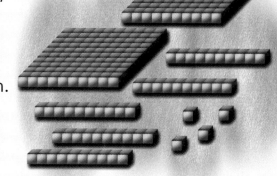

Chaque position porte un nom.

- 1re position : les unités,
- 2e position : les dizaines,
- 3e position : les centaines.

Ces noms représentent les groupements qu'on peut former
en utilisant la règle de 10. Si on a 10 unités, on peut former
une dizaine, si on a 10 dizaines, on peut former une centaine, etc.

Pour t'aider à faire des groupements, tu peux utiliser
du matériel en base 10 :

Dans le nombre 254, chaque chiffre indique une quantité
d'unités, de dizaines ou de centaines qui sont en nombre
insuffisant pour former le groupement supérieur.

2 centaines ⟵ 2 5 4 ⟶ 4 unités

5 dizaines

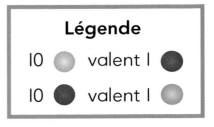

Légende

10 ⚪ valent 1 ⚫

10 ⚫ valent 1 ⚪

Indique quel nombre est représenté.

a)

Centaines	Dizaines	Unités

b)

Centaines	Dizaines	Unités

c)

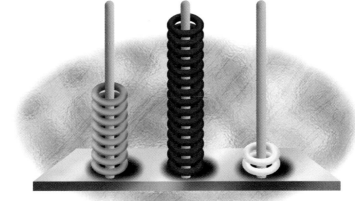

Centaines   Dizaines   Unités

d)

Centaines	Dizaines	Unités

Dans le mille

Des chiffres en bonne position

1 On a écrit le nombre 546 dans un tableau de numération.

Centaines	Dizaines	Unités
5	4	6

Vérifie chacun des énoncés suivants.
Utilise des blocs base 10 pour t'aider.

Dans le nombre 546,

- le chiffre 6 occupe la position des unités;
- il y a 54 dizaines;
- il y a 546 unités;
- il y a 6 unités qui ne sont pas groupées en dizaines;
- le chiffre 4 vaut 40 unités.

2 Dans le nombre 859,

- le chiffre 9 occupe la position des unités;
- le chiffre 5 occupe la position des dizaines.

Rédige 2 autres énoncés sur le nombre 859.

La valeur de position

Chaque chiffre possède une valeur selon la position qu'il occupe dans un nombre.

Exemple: 200 unités ◄── 2 5 4 ──► 4 unités
   (100 + 100)   │   (1 + 1 + 1 + 1)
                  50 unités
            (10 + 10 + 10 + 10 + 10)

La valeur peut s'exprimer en unités, en dizaines, en centaines, etc.

3 Réponds aux questions à l'aide du tableau.

Centaines	Dizaines	Unités
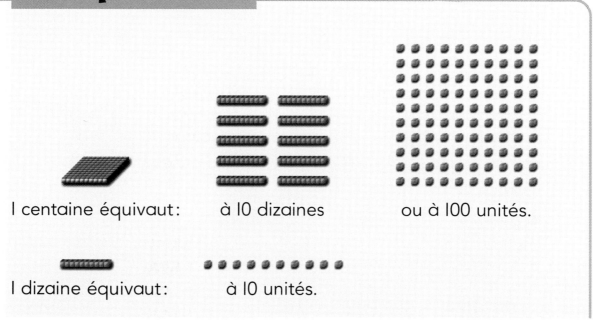		

a) Quel nombre est représenté?

b) Dans ce nombre:

- quelle est la valeur en unités du chiffre à la position des dizaines?

- quelle est la valeur en dizaines du chiffre à la position des centaines?

- combien de dizaines y a-t-il?
  combien d'unités? combien de centaines?

- quel chiffre est à la position des dizaines?

Des équivalences

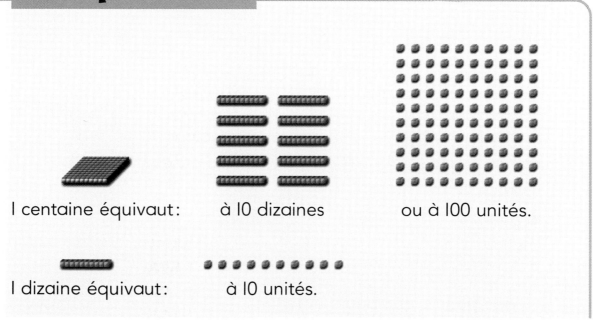

1 centaine équivaut: à 10 dizaines ou à 100 unités.

1 dizaine équivaut: à 10 unités.

4 Associe chaque représentation à la bonne décomposition.

Ⓐ
500 + 9

Ⓑ
300 + 50 + 8

Ⓒ
800 + 40 + 6

Ⓓ
600 + 40 + 8

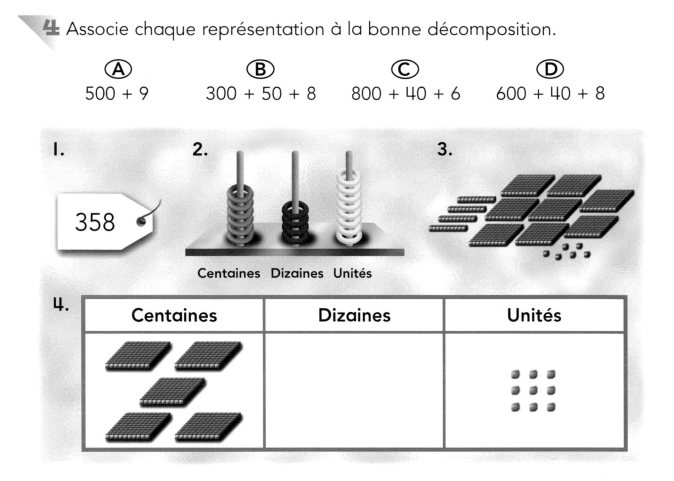

1.

358

2.

Centaines   Dizaines   Unités

3.

4.

Centaines	Dizaines	Unités

5 Décompose les nombres en utilisant la valeur de chaque position.

a) 821   b) 904   c) 650   d) 566   e) 732

Décomposition additive d'un nombre selon la valeur de position

Pour décomposer un nombre selon la valeur de position :

• je trouve la valeur, en unités, de chacun des chiffres qui le composent ;

Exemple :   400 unités ⟵— 4 7 8 —⟶ 8 unités

70 unités

• j'additionne les valeurs obtenues : 400 + 70 + 8

6 Donne, en unités, la valeur du chiffre souligné.

a) 5<u>9</u>0   b) 21<u>9</u>   c) 3<u>5</u>4   d) <u>9</u>84   e) 6<u>0</u>7

7 Donne, en unités, la valeur du groupe de chiffres soulignés.

a) <u>59</u>8   b) 4<u>05</u>   c) <u>20</u>7   d) <u>42</u>5   e) <u>725</u>

8 Indique le nombre de dizaines qui composent chaque nombre.

a) 124   b) 52   c) 304   d) 8   e) 997

9 Luc, Sonia et Véronique ont illustré chacun un nombre différent.

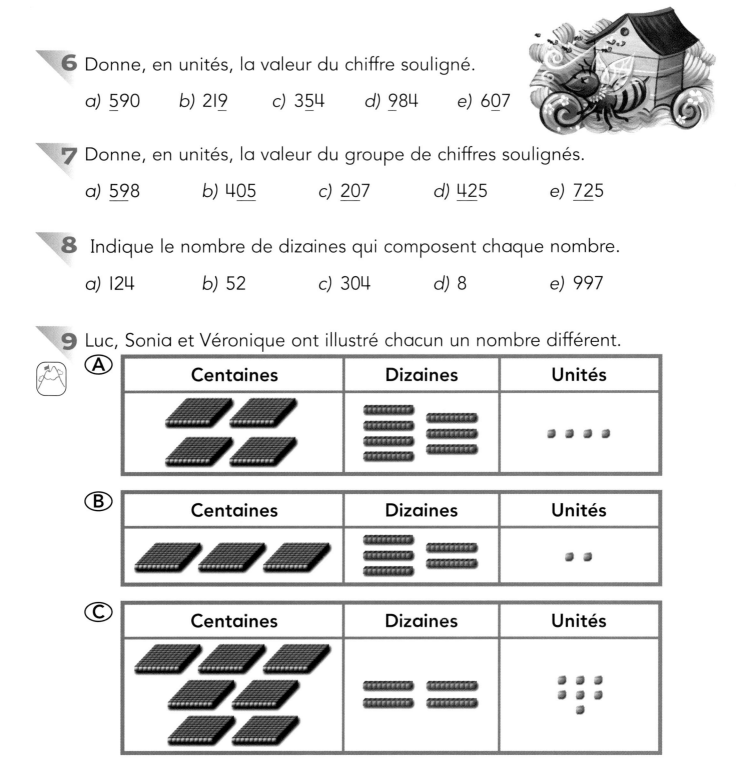

À l'aide des indices, trouve à qui les nombres appartiennent.

Indices

- Dans le nombre de Sonia, aucun chiffre ne vaut 50 unités.
- Le nombre composé d'un groupe de 2 chiffres qui vaut 470 unités a été illustré par une fille.
- Le nombre ayant le plus de dizaines a été illustré par Véronique.

Le jeu des positions

1 Choisis les nombres qui répondent à la consigne et rendent vraie l'expression mathématique.

| 624 | 707 | 452 | 328 | 369 |

a) Le chiffre à la position des centaines est un nombre pair.
■ < ■

b) Le chiffre à la position des unités est un nombre impair.
■ > ■

c) Ces nombres ont un chiffre qui vaut 20 unités. ■ < ■

d) Ces nombres ont un chiffre qui vaut 300 unités. ■ > ■

2 Dans chaque cas,
- utilise les chiffres pour former le plus de nombres possible à 2 et à 3 chiffres;

a) 5   9   6   b) 3   3   2   c) 6   3   0

- écris dans l'ordre croissant les nombres que tu as formés.

Position d'un chiffre dans un nombre et sa valeur

Dans un nombre, la valeur d'un chiffre dépend de sa position.

Par exemple, dans le nombre 129, le chiffre 9 vaut moins que le chiffre 1.

Le chiffre 9 est à la position des unités; il vaut 9 unités.

Le chiffre 1 est à la position des centaines; il vaut 100 unités.

De grandes sommes

1 Quatre équipes ont représenté chacune un nombre.
Elles ont utilisé des blocs base 10.

a) Quel nombre chaque équipe a-t-elle représenté ?

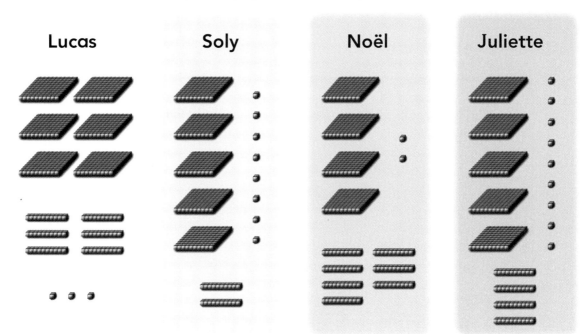

| Lucas | Soly | Noël | Juliette |

b) Choisis 2 équipes en a. Additionne les nombres
qu'elles ont représentés. Illustre ta démarche.

2 Dans le résultat que tu as obtenu à l'activité 1 b :

a) est-ce qu'il y a un chiffre à la position des unités de mille ?
Si oui, quelle est sa valeur en unités ?

b) combien d'unités non groupées y a-t-il ?

D'autres équivalences

1 unité de mille vaut 10 centaines ou 100 dizaines ou 1000 unités.

Des nombres à quatre chiffres

1 Utilise les chiffres $\boxed{3}$, $\boxed{8}$, $\boxed{5}$ et $\boxed{4}$.

Forme tous les nombres à 4 chiffres qui ont le plus petit chiffre à la position des centaines.

2 Michel et Samy ont formé des nombres.

Le nombre de Michel

- Il est composé de 4 chiffres.
- Le chiffre 8 vaut 80 unités.
- Le chiffre 6 est à la position des unités de mille.
- La somme des chiffres est 21.
- Le chiffre des centaines vaut la moitié du chiffre des dizaines.

Le nombre de Samy

- Il est composé de 31 centaines.
- Le chiffre des unités vaut le double du chiffre des centaines.
- Le chiffre des dizaines est supérieur au chiffre qui occupe la même position dans le nombre de Michel.

a) Trouve le nombre de Michel et celui de Samy à l'aide des indices. Utilise un tableau de numération pour t'aider.

b) Compose 3 ou 4 indices pour faire découvrir un autre nombre aux élèves de ta classe.

3 Remplace chaque carré par un chiffre.
Chaque fois, donne tous les chiffres possibles.

a) 934 > 9 ■ 5   b) 40 ■ 9 < 4028   c) 3193 > 3 ■ 85

d) 412 > 41 ■   e) 70 ■ > 707   f) 3392 < 3 ■ 92

Addition sur un abaque

Julie a effectué l'addition 245 + 79.
Elle a représenté son travail sur un abaque en papier en utilisant des jetons de 3 couleurs différentes.

Je représente le nombre 245.

Unités de mille	Centaines	Dizaines	Unités
	::	::::	::::

J'ajoute 9 unités et je fais un échange.

Unités de mille	Centaines	Dizaines	Unités
	::	::::	::::: :

J'ajoute 7 dizaines et je fais un échange.

Unités de mille	Centaines	Dizaines	Unités
	:::	::::: :	:::

J'écris le résultat : 324.

Unités de mille	Centaines	Dizaines	Unités
	:::	::	::::
	3	2	4

Soustraction sur un abaque

Frédéric a effectué la soustraction 324 – 79.
Il a représenté son travail sur un abaque
en papier en utilisant des jetons
de 2 couleurs différentes.

Je représente le nombre 324.

Unités de mille	Centaines	Dizaines	Unités
	• • •	• •	• • • •

J'échange 1 dizaine contre 10 unités pour pouvoir enlever 9 unités.

Unités de mille	Centaines	Dizaines	Unités
	• • •	✗ • ⟶ (• • • / • • • / • • • /)	• • •

J'enlève 9 unités.

Unités de mille	Centaines	Dizaines	Unités
	• • •	•	✗✗ / ✗✗ / ✗✗ / ✗✗ • • •

J'échange 1 centaine contre 10 dizaines pour pouvoir enlever 7 dizaines.

Unités de mille	Centaines	Dizaines	Unités
	✗ • • ⟶ (• • / • • / • • •)	•	•	• • • •

J'enlève 7 dizaines.

Unités de mille	Centaines	Dizaines	Unités
	•	■ ■ ■ ■ ■ ■ ■ •	• • • • •

J'écris le résultat : 245.

Unités de mille	Centaines	Dizaines	Unités
	• •	• • • •	• • • • •
	2	4	5

1 Effectue les additions selon les consignes qu'on te donnera.
Utilise les fiches qu'on te remettra.

a) 432 + 813	*b)* 697 + 308	*c)* 76 + 56 + 493

d) 690 + 710	*e)* 527 + 45	*f)* 2386 + 1346

g) 2314 + 3425	*h)* 195 + 236

2 Effectue les soustractions selon les consignes qu'on te dictera.
Utilise les fiches qu'on te remettra.

a) 482 – 234	*b)* 1245 – 813	*c)* 615 – 348

d) 1400 – 690	*e)* 572 – 45	*f)* 3736 – 1346

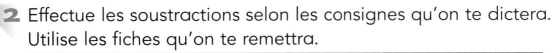

g) 5739 – 3425	*h)* 431 – 236

Dans le mille

En grande quantité

Choisis 7 problèmes.
Trouve leurs solutions.
Laisse des traces de ta démarche.
Utilise du matériel pour t'aider.

1 Ian range 1468 cailloux dans des sacs.
Chaque sac doit contenir 100 cailloux.

a) Combien de sacs contiendront 100 cailloux?

b) Combien de cailloux ne seront pas groupés dans un sac?

2 On place 10 chaises par rangée dans une salle.
Il y aura 487 personnes dans la salle.
Combien de rangées de chaises doit-on placer?

3 Adeline vend des fleurs par paquets de 10.
Elle a vendu 16 paquets de fleurs.
Combien de fleurs a-t-elle vendues?

4 À l'école Dubois, on a ramassé 647 attaches à pain.
À l'école Durivage, on en a ramassé 848.
Combien d'attaches à pain a-t-on ramassées à l'école Durivage
de plus qu'à l'école Dubois?

5 Tu dois fabriquer 12 affiches.
Sur chaque affiche, tu colles 100 feuilles.
Combien de feuilles utiliseras-tu au total?

6 La famille de Julie a cueilli
668 pommes, celle de Francis,
578 et celle de Hugo, 892.

a) Combien de pommes les 3 familles
ont-elles cueillies au total?

b) On met les pommes dans
des caisses. Chaque caisse
doit contenir 100 pommes.
Combien de caisses contiendront
100 pommes?

7 Pierre fait de l'escalade avec Sarah.
À midi, il est rendu à 259 mètres d'altitude.
Au même moment, Sarah est à 472 mètres.
Quelle distance en mètres sépare Pierre de Sarah?

8 Des cartons sont vendus en paquets de 100.
Tran a besoin de 875 cartons.
Combien de paquets Tran doit-il acheter?

9 Dans la forêt, Flavie, Jules et Carmen ont ramassé 378 feuilles.
Parmi ces feuilles, il y a 156 feuilles d'érable.
Combien de feuilles ne sont pas des feuilles d'érable?

10 Cora et sa mère ramassent
des pommes de pin.
Cora a ramassé 184 pommes
de pin et sa mère
en a ramassé 38 de plus.
Combien de pommes de pin
Cora et sa mère ont-elles
ramassées au total?

Des fruits et des graines

La plupart des fruits que tu manges contiennent une ou des graines.
Ces graines ont diverses formes et diverses couleurs.
Certaines sont minuscules, d'autres sont aussi grosses que des cailloux.

1 Observe les graines à la page 30.

   a) Quelles graines reconnais-tu ?

   b) Quelles ressemblances et quelles différences observes-tu entre certaines de ces graines ?

   c) Classe ces graines en deux ensembles selon un critère de ton choix.

Clin d'Œil

Toutes les graines n'ont pas la même masse.
Exemple :

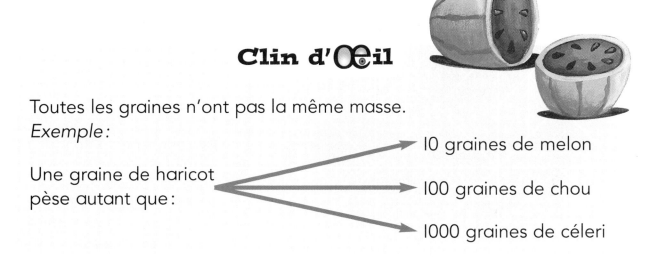

Une graine de haricot pèse autant que :
- 10 graines de melon
- 100 graines de chou
- 1000 graines de céleri

Ton projet

Tu feras ton propre sachet de graines à partir d'un fruit de ton choix.

Pour y arriver, tu devras :

- recueillir les graines du fruit que tu as choisi ;

- faire une recherche sur la plante qui a produit ce fruit et sur ses graines ;

- observer les particularités des graines de ton fruit (leur forme, leur couleur, leur taille, etc.) ;

- découvrir de quoi tes graines ont besoin pour devenir une plante ;

- organiser tes informations afin de les communiquer à l'aide du langage scientifique et mathématique.

2 Observe ce sachet de graines.

Tournesol
Helianthus

Plante annuelle

30 à 40 cm

2 à 3 m

Guide pratique

- Semer à la mi-mai (après le dernier gel).
- Temps de germination : 6 à 10 jours
- Période de floraison : août - septembre
- Profondeur des graines : 12 mm
- Distance entre les graines : 50 à 60 cm
- Sol : Pousse dans tous les types de sol qui permettent à l'eau de bien s'écouler.
- Lumière : Emplacement ensoleillé ou très légèrement ombragé.
- Eau : Garder le sol humide, mais non détrempé.

- Les fleurs du tournesol attirent les oiseaux et les papillons.
- À maturité, les fleurs portent plusieurs dizaines de graines qui peuvent être mangées.

a) Quelles informations mathématiques y trouves-tu ?

b) Quelles informations scientifiques y trouves-tu ?

La germination

La germination est la première étape de la croissance d'une plante. C'est à cette étape que la graine produit sa tige et ses premières racines.

De plus en plus précis

1 Mesure chaque illustration au millimètre le plus près.

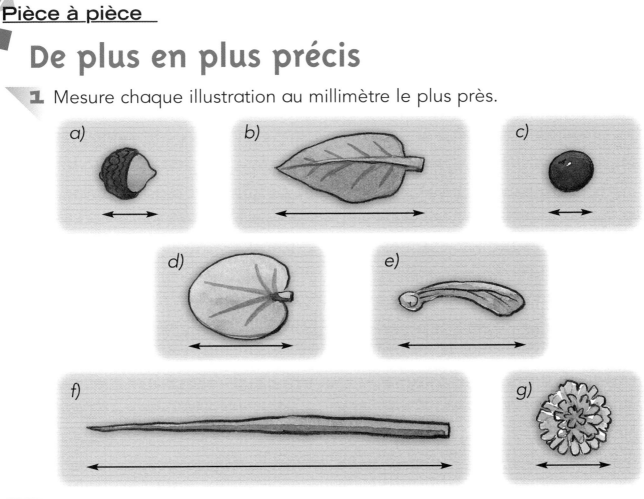

2 Jim et Thomas ont mesuré les mêmes objets.
L'un a utilisé des centimètres, l'autre a utilisé des millimètres.

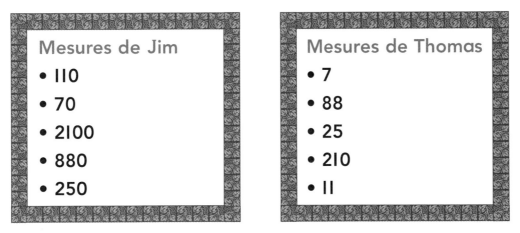

Mesures de Jim	Mesures de Thomas
• 110	• 7
• 70	• 88
• 2100	• 25
• 880	• 210
• 250	• 11

a) Indique à quelle mesure de Thomas chaque mesure
de Jim correspond.

b) Quelle unité de mesure Jim a-t-il utilisée pour mesurer
ses objets : le centimètre ou le millimètre ?

Des conditions gagnantes

Dans le feu de l'action

Voici une expérience qui te permettra de découvrir les conditions favorables à la germination des graines.

1° Numérote 6 verres de plastique de 1 à 6.

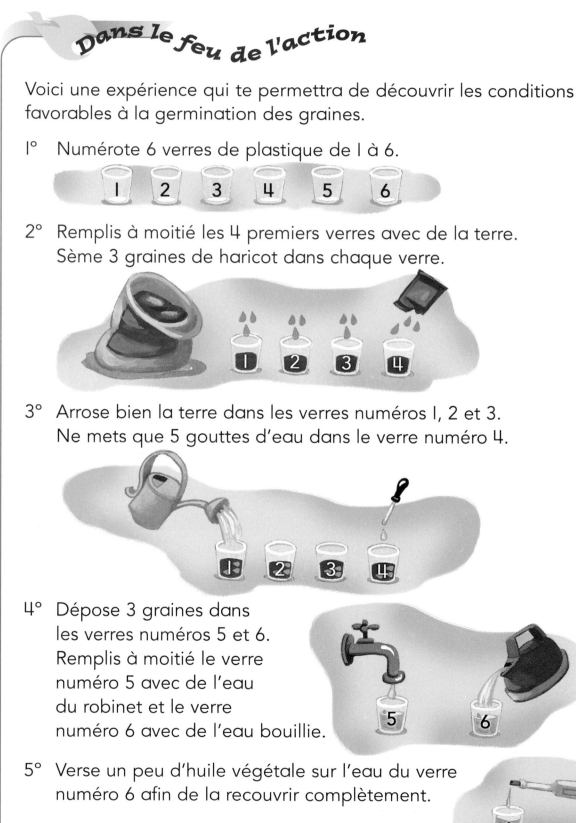

2° Remplis à moitié les 4 premiers verres avec de la terre. Sème 3 graines de haricot dans chaque verre.

3° Arrose bien la terre dans les verres numéros 1, 2 et 3. Ne mets que 5 gouttes d'eau dans le verre numéro 4.

4° Dépose 3 graines dans les verres numéros 5 et 6. Remplis à moitié le verre numéro 5 avec de l'eau du robinet et le verre numéro 6 avec de l'eau bouillie.

5° Verse un peu d'huile végétale sur l'eau du verre numéro 6 afin de la recouvrir complètement.

6° Place les verres numéros 1, 4, 5 et 6 dans un endroit bien éclairé et à la température de la classe.

20°C

7° Dépose le verre numéro 2 dans un réfrigérateur et le verre numéro 3 dans un endroit chaud et sombre. Cet endroit peut être une armoire, un placard ou une boîte.

8° Au bout de 4 à 7 jours, observe les graines dans chaque verre.

1 À la suite de cette expérience, observe si :

a) la température a une influence sur la germination ;

b) la quantité d'eau a une influence sur la germination ;

c) la lumière joue un rôle dans la germination ;

d) la terre est nécessaire à la germination ;

e) les graines du verre numéro 6 ont germé et pourquoi.

Utilise la fiche qu'on te remettra.

2 Dans ta classe :

a) combien de verres ont été utilisés en tout ?

b) combien de graines ont été utilisées en tout ?

c) combien de graines ont germé ? Est-ce plus ou moins de la moitié des graines ?

Graine de scientifique

Un sachet plein de vie

On a semé des graines dans 5 bacs.

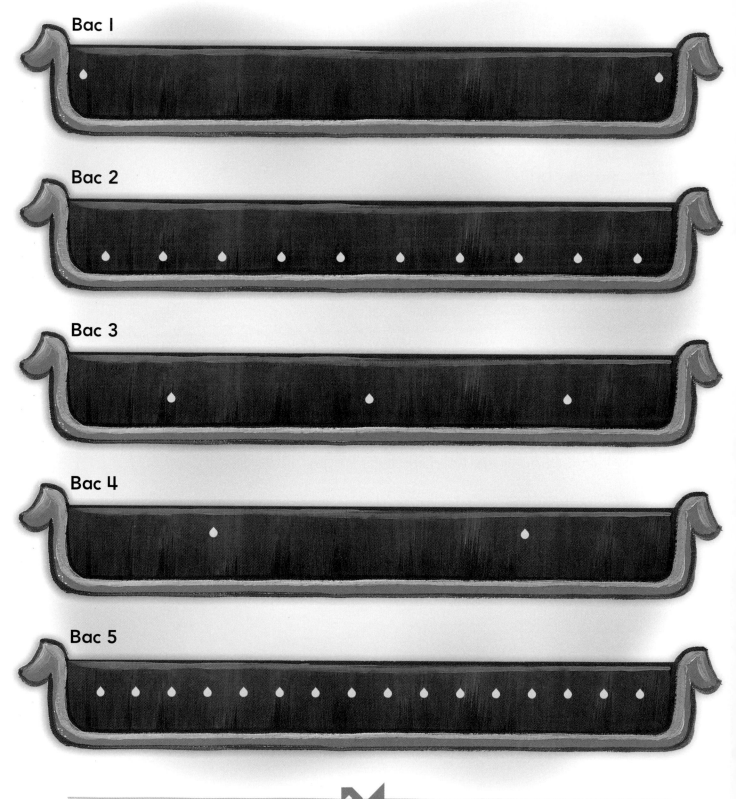

Bac 1

Bac 2

Bac 3

Bac 4

Bac 5

1 Voici un tableau qui indique :

- à quelle profondeur il faut semer certaines graines ;
- et quelle distance il faut laisser entre 2 graines.

Graines	Profondeur	Distance entre 2 graines
Radis	1 cm	5 cm
Persil	7 mm	7 mm
Laitue	6 mm	15 cm
Ciboulette	5 mm	8 cm
Cresson	13 mm	13 mm

Indique quel type de graines a été semé dans chacun des bacs de la page 36.

2 Le tableau ci-contre indique la température de germination de certaines graines.

Observe les thermomètres. Indique quelles graines pourraient germer d'après la température qui est indiquée.

Graines	Température (en degrés Celsius)
Carottes	De 15 à 20
Tomates	De 20 à 22
Laitue	De 7 à 17
Haricots	De 20 à 27
Concombres	De 20 à 25
Betteraves	De 17 à 22

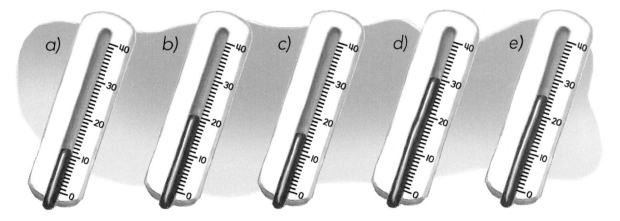

Graine de scientifique

Pêle-mêle

Des graines pour tous

Pour chaque situation, trouve les solutions.
Compare tes résultats avec ceux de deux camarades.

1 Les 27 élèves de la classe de Lise préparent un potager.
Chaque élève reçoit un sachet de 12 graines.

a) Lise forme des équipes de 3 élèves.
Combien de graines chaque équipe recevra-t-elle?

b) Combien de graines Lise va-t-elle donner au total
à tous les élèves?

2 À l'école Terre-Soleil, les élèves préparent un potager.

> **Classe de Karine**
> * Il y a 22 élèves.
> * Chaque élève reçoit un sachet de 10 graines.

> **Classe d'Étienne**
> * Il y a 31 élèves.
> * Chaque élève reçoit un sachet de 7 graines.

> **Classe de Dominique**
> * Il y a 27 élèves.
> * Chaque élève reçoit un sachet de 8 graines.

Quelle classe a reçu le plus de graines?

Pièce à pièce

Un potager rectangulaire

1 Simon doit semer 12 graines dans un bac rectangulaire. Observe le bac illustré.

Trouve d'autres façons de placer 12 graines dans un bac rectangulaire. Il ne doit pas y avoir de case vide.

2 Pour chaque problème, trouve la solution et écris l'égalité correspondante. Utilise le signe $\boxed{x}$.

a) Josiane sème des graines. Elle fait 6 rangs.
Dans chaque rang, elle sème 8 graines.
Combien de graines a-t-elle semées?

b) Claudel reçoit 48 graines. Elle doit les placer dans un bac rectangulaire sans laisser de case vide.
Elle dit pouvoir choisir parmi 5 bacs différents.
A-t-elle raison? Explique ta réponse.

c) Zachary place 4 rangées de chaises dans une salle.
S'il place 12 chaises par rangée, y aura-t-il assez de chaises pour asseoir 50 élèves?
Explique ta réponse.

Plusieurs possibilités

Pour chaque problème, trouve la solution.
Laisse des traces de ta démarche.
Utilise la fiche qu'on te remettra.

a) Émilie a 5 photos d'animaux différents :
   1 lion, 1 éléphant, 1 girafe, 1 singe et 1 panda.
   Elle a aussi 3 enveloppes de couleurs différentes :
   1 enveloppe jaune, 1 rouge et 1 bleue.
   Elle choisit 1 photo et 1 enveloppe qu'elle remet à Ariane.
   Combien de choix possibles Émilie a-t-elle ?

b) Jonathan veut fabriquer un épouvantail.
   Il veut lui mettre un chapeau, un manteau
   et un pantalon. Sa mère lui donne :
   • 2 chapeaux : 1 bleu et 1 vert ;
   • 3 pantalons : 1 noir, 1 bleu et 1 rouge ;
   • 3 manteaux : 1 orange, 1 vert et 1 rouge.
   Combien d'épouvantails différents
   Jonathan pourrait-il fabriquer ?

c) Simone fait un collage dans un album.
   Sur chaque page, elle colle 1 fleur,
   1 graine et 1 feuille.
   Elle a 3 fleurs différentes,
   3 graines différentes et 4 feuilles différentes.
   Combien de collages différents pourrait-elle réaliser ?

d) Alain prépare un panier contenant
   une seule sorte de légumes.
   Il a 3 sortes de légumes différents :
   des carottes, des fèves et des radis.
   Il a 3 paniers de couleurs différentes :
   1 panier bleu, 1 vert et 1 orange.
   Il choisit 1 sorte de légumes et 1 panier.
   Combien de choix possibles Alain a-t-il ?

De bons moyens

Résous les problèmes et écris les égalités correspondantes.
Utilise le signe $\boxed{\times}$.

a) Marion a 15 pots. Elle sème 9 graines dans chaque pot.
   Combien de graines a-t-elle semées?

b) Éric sème un nombre égal de graines dans chaque rangée.
   Il sème 40 graines dans 8 rangées. Il arrose 3 rangées.
   Combien de graines lui reste-t-il à arroser?

c) Caroline prépare une affiche
   sur les animaux.
   Elle a 4 photos différentes de chiens,
   3 photos différentes de chats et
   4 photos différentes d'oiseaux.
   Pour son affiche, elle choisit
   1 photo de chien, 1 photo de chat
   et 1 photo d'oiseau.
   Combien d'affiches différentes
   pourrait-elle préparer?

d) Choisis un outil.

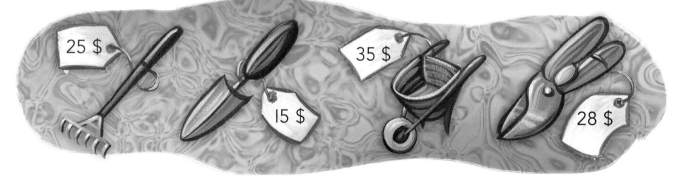

Tu dois acheter la plus grande quantité possible de l'outil
que tu as choisi. Tu ne dois pas dépenser plus de 200 $.
Indique la quantité d'outils que tu peux acheter et
combien d'argent il te restera après ton achat.

Bien des fois

Pêle-mêle

Des expressions de toutes sortes

Associe chaque situation à une expression mathématique.

Expressions mathématiques

(A) $11 + 13 > 15$

(B) $15 - \blacksquare = 6$

(C) $15 + 11 > 13 + 9$

(D) $15 - 9 = 6$

(E) $9 + 6 = 15$

(F) $11 + 9 < 15 + 13$

(G) $15 = 9 + \blacksquare$

(H) $11 + 13 = 15 + 9$

Situations

1. Maude a planté 15 bulbes. Francis en a planté 9.
   Jean en a planté 11 et Marie-Pier en a planté 13.
   Ensemble, Jean et Marie-Pier ont planté autant de bulbes
   que Maude et Francis réunis.

2. Magalie a 15 fleurs pour faire 2 bouquets.
   Le 1er bouquet contient 9 fleurs.

3. Corinne a préparé 15 sachets de lavande.
   Elle en offre 9 à ses amis.
   Il lui reste 6 sachets.

4. Ninon a cueilli 15 tournesols.
   Sylvain en a cueilli 11.
   Janie en a cueilli 13 et Claudia en a cueilli 9.
   Ensemble, Ninon et Sylvain ont cueilli plus de tournesols
   que Janie et Claudia réunies.

5. Mélanie a préparé 15 sachets de graines.
   Elle a vendu des sachets à ses oncles et à ses tantes.
   Il lui reste 6 sachets à vendre.

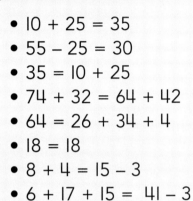

Pièce à pièce

À propos de l'égalité

Les expressions dans la boîte verte représentent des égalités.

Les expressions dans la boîte jaune ne représentent pas des égalités.

- 10 + 25 = 35
- 55 – 25 = 30
- 35 = 10 + 25
- 74 + 32 = 64 + 42
- 64 = 26 + 34 + 4
- 18 = 18
- 8 + 4 = 15 – 3
- 6 + 17 + 15 = 41 – 3
- 100 – 5 = 90 + 2 + 3

- 64 > 26 + 34
- 55 – ■ = 30
- 20 + 19 = ■
- 28 + 4
- 32 < 79
- 56 + 18 > 85 – 13
- 68 – 15

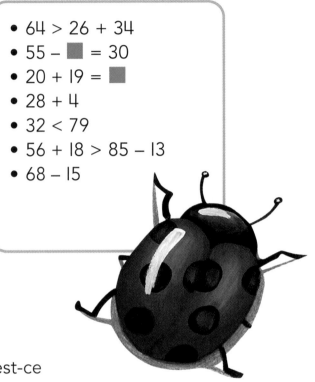

1 Observe les expressions dans les deux boîtes.

a) D'après tes observations, qu'est-ce qui caractérise une égalité?

b) Ajoute 2 expressions mathématiques dans chacune des boîtes.

c) Choisis 2 expressions mathématiques dans la boîte jaune. Modifie-les pour qu'elles deviennent des égalités.

Clin d'Œil

Les signes + et – ont été utilisés pour la 1re fois, en 1489, par un Allemand. Ils remplaçaient les mots « plus » et « moins ». C'est en Angleterre, en 1557, que le signe = a été proposé. Les signes < et > ont été employés à partir de 1631.

2 La bibliothèque de Maria contient 16 bandes dessinées, 11 romans, 3 livres de sciences et 15 contes. Maria calcule mentalement combien de livres elle possède au total.
Voici comment elle traduit son calcul :

16 + 11 = 27 + 3 = 30 + 15 = 45

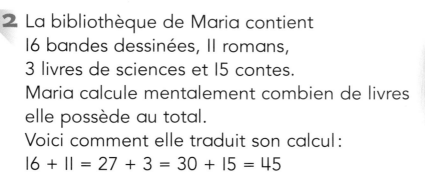

a) Est-ce que le résultat de Maria est exact ?

b) Est-ce que sa façon d'écrire son calcul est correcte ?
   Explique ta réponse verbalement.

c) Refais le calcul de Maria, mais en écrivant 3 égalités.

3 Parmi les égalités suivantes :
- trouve celles qui sont exactes,
- remplace un terme dans les autres de manière à les rendre exactes.

a) 45 + 82 = 82 + 45

b) 61 – 43 = 73 – 55

c) 23 + 76 = 28 + 76

d) 125 + 125 = 275 – 125

e) 74 = 90 – 16

f) 87 – 27 = 17 + 73

g) 60 – 15 = 15 – 60

4 Compose 6 égalités avec les 3 nombres suivants :

19   15   34

Dans chaque cas, utilise :
- les 3 nombres
- et une seule des opérations suivantes $+$ ou $-$.

À propos de l'équation, à propos de l'inégalité

1 Complète les équations sans utiliser la calculatrice.

a) $15 + \blacksquare = 27$

b) $\blacksquare - 18 = 36$

c) $\blacksquare + 36 = 60$

d) $32 - \blacksquare = 12$

2 Complète les équations.

Indique l'opération que tu as effectuée.

a) $317 + \blacksquare = 806$

b) $628 + \blacksquare = 2279$

c) $\blacksquare - 345 = 248$

d) $1335 - \blacksquare = 189$

e) $\blacksquare + 108 = 978$

f) $469 + 948 = \blacksquare$

3 Remplace chaque carré par un nombre pour que l'inégalité soit respectée.

a) $864 > 438 + \blacksquare$

b) $\blacksquare < 53 + 128$

c) $406 - 124 > \blacksquare - 234$

d) $139 + \blacksquare < 567 + 287$

4 Associe chaque expression de la colonne de gauche à un nombre ou à une expression de la colonne de droite.

1. $428 - 279 = \blacksquare$

2. $\blacksquare > 534$

3. $\blacksquare = 256 + 321 + 154$

4. $694 < \blacksquare$

5. $\blacksquare < 43 + 32$

6. $68 - 32 < \blacksquare$

Ⓐ 57

Ⓑ 56 + 78

Ⓒ 674

Ⓓ 722

Ⓔ 376 − 227

Ⓕ 965 − 234

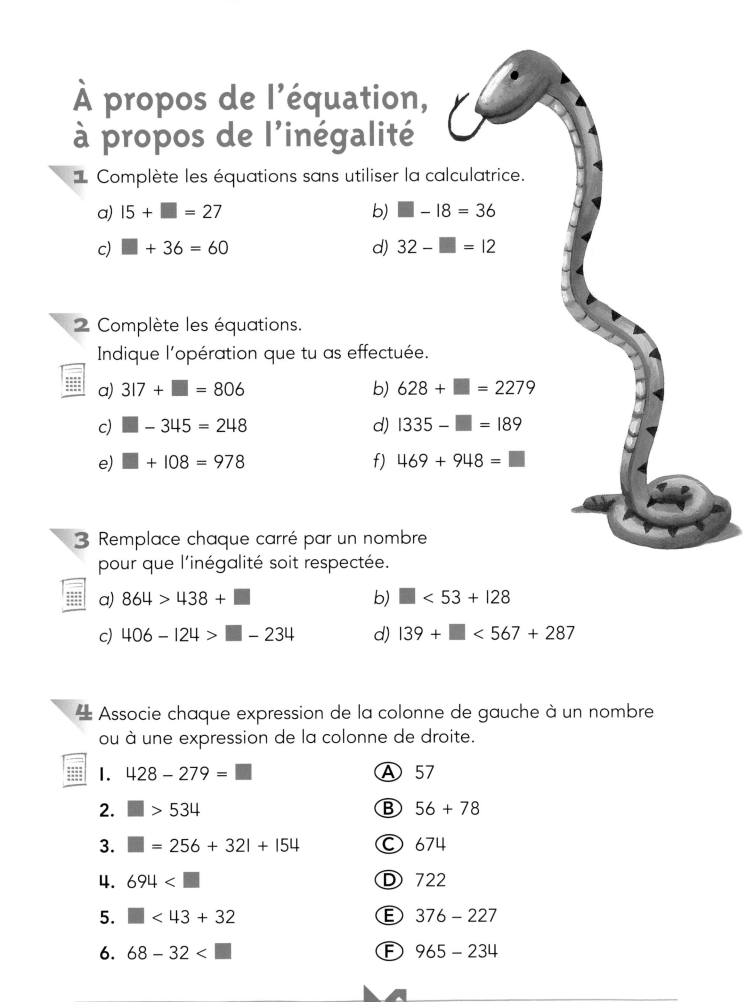

Des transformations numériques

1 Observe les balances.

(A)

25 kg
25 kg 15 kg
25 kg 25 kg

(B)

15 kg 5 kg   15 kg
15 kg 15 kg   20 kg 15 kg

(C)

5 kg
10 kg 10 kg   15 kg 10 kg

(D)

10 kg
25 kg 15 kg   20 kg
20 kg 20 kg

a) Écris l'expression mathématique
qui correspond à chaque balance.

b) Pour que chaque côté des balances A, B, C
et D indique 100 kg, que faudrait-il ajouter?
Écris l'expression mathématique qui
correspond à chaque balance modifiée.

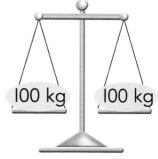

100 kg   100 kg

2 Trouve les termes manquants qui permettraient
de conserver l'égalité ou l'inégalité.

a) 18 + ■ + 25 = 43 + ■

b) ■ + 56 = 56 + ■

c) 22 + ■ < 38 + ■

d) 89 + ■ > 122

e) 56 + 35 + 18 + ■ = ■ + 89 + 20

f) 142 + 587 = ■ + 412

Tangram

De l'ordre dans les expressions

1 Trouve une égalité, une équation ou une inégalité qui correspond à chaque situation.

a) Marc et Danielle ont récolté plusieurs courges.
Ils donnent 78 courges à leurs voisins.
Il leur reste 54 courges.

b) Il y a 264 poivrons dans un panier.
Parmi ces poivrons :

- 132 sont verts,

- 54 sont rouges

- et 78 sont jaunes.

Si on réunit les poivrons jaunes et les poivrons rouges, on en compte autant que des poivrons verts.

c) Marie a cueilli des choux. Elle place :

- 132 choux dans une 1re boîte,

- 54 choux dans une 2e boîte

- et 78 choux dans une 3e boîte.

Ensemble, la 1re et la 2e boîte contiennent plus de choux que la 3e boîte.

d) Quand Benoît est né, ses parents ont planté un bouleau de 125 cm. Aujourd'hui, le bouleau mesure 660 cm.

e) Ce matin, on a placé 660 tomates sur les présentoirs d'une épicerie.
Dans la journée, on vend un grand nombre de tomates.
Ce soir, il reste 125 tomates.

2 Choisis une des situations de l'activité I. Rédige une question qui demande d'effectuer un calcul pour y répondre.

Des façons de s'exprimer

Pêle-mêle

De tout pour faire un monde

1 Quels animaux reconnais-tu à la page 48 ?

2 *a)* Classe les animaux de la page 48 en ensembles.
Utilise la fiche qu'on te remettra.
Les animaux de chaque ensemble doivent avoir
une caractéristique commune.

b) Divise tes ensembles en sous-ensembles.
Utilise de nouveaux critères de classement.

Clin d'Œil

La nature est parfois bizarre ! L'aigle royal
et le crocodile du Nil pondent tous
les deux des œufs de 8 cm de long.
Pourtant, lorsqu'il sort de son œuf,
le crocodile mesure déjà 26 cm.
C'est 2 fois plus que l'aiglon royal
qui mesure seulement 13 cm
à la naissance.

Ton projet

Tu présenteras, dans un album collectif, la reproduction,
la croissance et le développement d'un animal vertébré.

Pour y arriver, tu devras :

- lire sur les animaux en général et leur classification ;

- chercher des informations sur l'animal que tu as choisi
  (photos, illustrations et notes) ;

- comparer l'animal choisi avec d'autres animaux
  par rapport à sa croissance et à son développement ;

- organiser tes informations pour les communiquer
  à l'aide du langage scientifique et mathématique.

Tous vivants, mais différents

Il y a sur la Terre plus de un million d'espèces d'animaux.
Les biologistes ont regroupé les animaux en plusieurs classes
selon leurs ressemblances et leur degré de parenté.

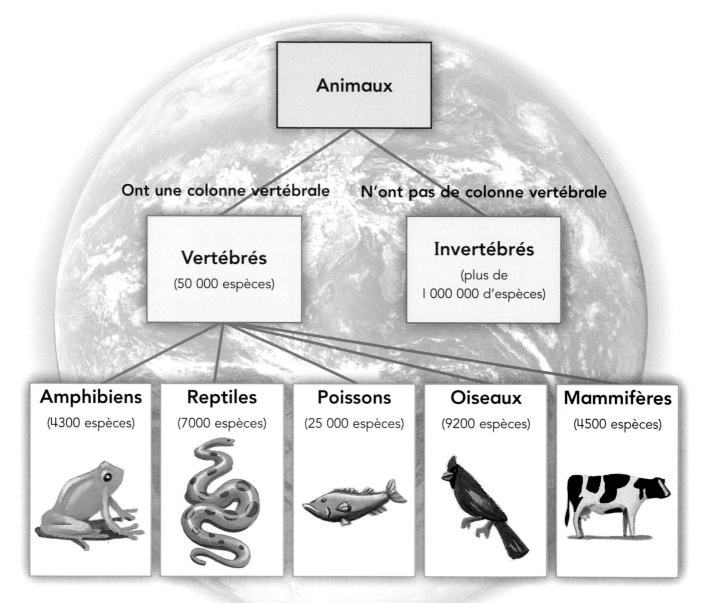

Animaux

Ont une colonne vertébrale

N'ont pas de colonne vertébrale

Vertébrés

(50 000 espèces)

Invertébrés

(plus de
1 000 000 d'espèces)

Amphibiens

(4300 espèces)

Reptiles

(7000 espèces)

Poissons

(25 000 espèces)

Oiseaux

(9200 espèces)

Mammifères

(4500 espèces)

La température du corps de certains animaux, comme les êtres
humains, reste la même quelle que soit la température environnante.
La température du corps d'autres animaux, comme
les grenouilles, varie selon la température environnante.

1 Associe chaque description à une classe de vertébrés.

a) Leur corps est couvert de plumes.
Ils pondent des œufs qui ont une coquille solide.
Ils ont deux pattes, un bec et des ailes,
mais ils ne volent pas tous.
Ils respirent à l'aide de poumons.

b) Leur corps est généralement couvert d'écailles.
Ils pondent des œufs qui n'ont pas de coquille.
Ils vivent dans l'eau et la plupart ont des nageoires.
Ils respirent par des branchies.

c) Leur peau est lisse et humide.
Ils pondent dans l'eau des œufs qui n'ont pas de coquille.
En général, ils peuvent vivre sur la terre et dans l'eau.
Ils respirent par leur peau, mais aussi à l'aide de poumons.

d) Leur peau est couverte d'écailles.
La plupart pondent des œufs ayant une coquille molle et flexible.
Ils pondent leurs œufs sur la terre ferme.
Ils respirent à l'aide de poumons.

e) Leur peau est généralement couverte de poils.
La plupart donnent naissance à des petits complètement formés.
Ils allaitent leurs petits.
Ils respirent à l'aide de poumons.

2 À quelle classe appartient chacun de ces 2 animaux ?

a)

Le béluga

b)

La chauve-souris

3 Lis les fiches, puis réponds aux questions.

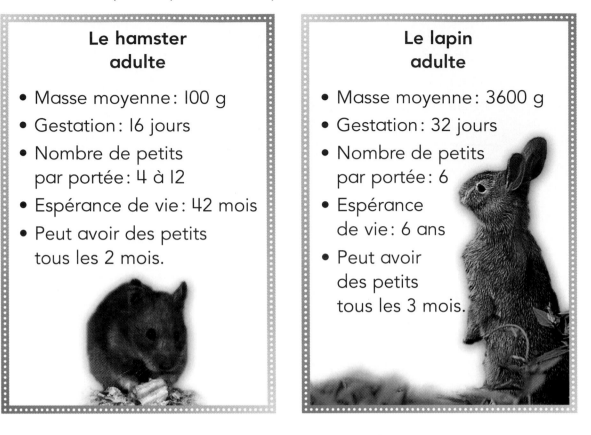

Le hamster adulte

- Masse moyenne : 100 g
- Gestation : 16 jours
- Nombre de petits par portée : 4 à 12
- Espérance de vie : 42 mois
- Peut avoir des petits tous les 2 mois.

Le lapin adulte

- Masse moyenne : 3600 g
- Gestation : 32 jours
- Nombre de petits par portée : 6
- Espérance de vie : 6 ans
- Peut avoir des petits tous les 3 mois.

a) Combien de grammes le lapin pèse-t-il de plus que le hamster ?

b) Lequel de ces 2 animaux a une gestation 2 fois moins longue que celle de l'autre ?

c) Lequel de ces animaux a l'espérance de vie la plus longue ?

d) L'an dernier, une femelle hamster a eu le même nombre de petits à chaque portée.
Le nombre total de petits qu'elle a eus se décrit de la façon suivante :

- C'est un nombre pair à 2 chiffres.
- Les chiffres de ce nombre ne sont pas le double l'un de l'autre.
- Les chiffres de ce nombre ne sont pas identiques.
- Les chiffres de ce nombre ne se suivent pas.
- Le chiffre des unités n'est pas un zéro.

Combien de petits cette femelle a-t-elle eus l'an dernier ?

Le pouce vert

Dans le feu de l'action

Voici une expérience qui te permettra d'observer la croissance et le développement d'un être vivant: le haricot.

1° Avec l'aide d'un adulte, coupe le haut d'une bouteille de plastique transparent.

2° Couvre l'intérieur de la bouteille avec une ou deux couches de papier essuie-tout. Bourre ensuite l'intérieur avec du papier essuie-tout afin de coincer le papier sur les parois de la bouteille.

3° Place 3 graines de haricot entre le papier et la bouteille, à environ 3 cm de l'ouverture.

4° Verse un peu d'eau dans le fond de la bouteille. Le papier doit absorber assez d'eau pour être entièrement mouillé.

5° Dès que l'une des graines commence à germer, observe le développement des racines et la croissance de la tige. Mesure-les tous les 2 ou 3 jours. Assure-toi que le papier reste toujours humide. Note tes observations sur la fiche qu'on te remettra.

3 cm

À chacun son diagramme

1 Observe le diagramme à ligne brisée, puis réponds aux questions.

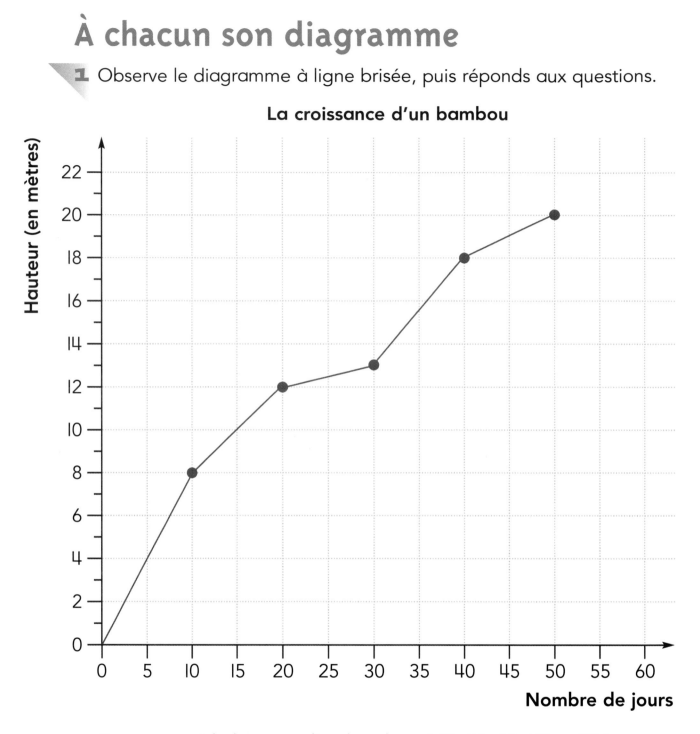

La croissance d'un bambou

On a mesuré la hauteur d'un bambou à 10, 20, 30, 40 et 50 jours de croissance.

a) Entre quels jours le bambou a-t-il poussé le plus?

b) Entre quels jours le bambou a-t-il poussé le moins?

c) De combien de mètres le bambou a-t-il poussé entre le 10ᵉ et le 30ᵉ jour?

2 Observe le diagramme à ligne brisée, puis réponds aux questions.

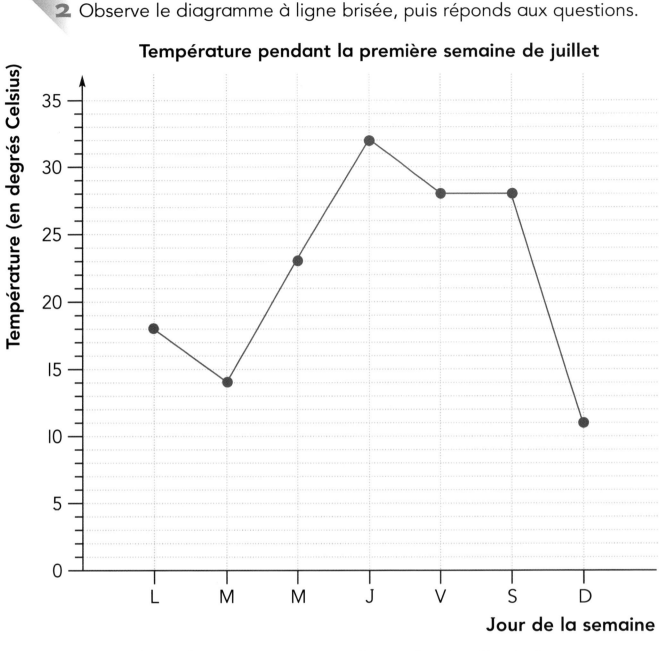

Température pendant la première semaine de juillet

a) Quel jour la température a-t-elle été la plus élevée?

b) Quel jour la température a-t-elle été la moins élevée?

c) Entre quels jours qui se suivent l'écart de température a-t-il été le plus grand?

d) Entre quels jours qui se suivent l'écart de température a-t-il été le moins grand?

e) De combien de degrés la température a-t-elle varié entre le mercredi et le jeudi?

Dans l'album

Voici ce que Jade a réalisé pour l'album sur la reproduction et la croissance du castor.

La femelle castor donne naissance à 3 ou 4 petits
une fois par année.
Le temps de gestation est d'environ 105 jours.
Les petits restent avec leurs parents jusqu'à l'âge de 2 ans.
À cet âge, ils peuvent se reproduire.
Le castor qui vit dans la nature a une espérance de vie de 10 ans.

Le castor est le plus gros rongeur
d'Amérique du Nord.
Le mâle et la femelle adultes ont
à peu près la même taille.
Ils pèsent entre 13 kg et 35 kg.
Ils peuvent mesurer, de la tête
au bout de la queue,
jusqu'à 120 cm de longueur.
Les nouveau-nés mesurent
environ 12 cm de longueur.
Ils pèsent 450 g, soit un peu
plus qu'une balle de baseball !

La queue du castor est large, plate et couverte d'écailles. Elle peut mesurer jusqu'à 40 cm. Quand le castor transporte des branches, sa queue l'aide à se tenir en équilibre. Ses pattes palmées et sa queue l'aident à se propulser dans l'eau. Il frappe sur l'eau avec sa queue pour avertir les autres d'un danger.

Utilise les informations données aux pages 56 et 57 pour répondre aux questions.

1 a) Une femelle castor a 7 ans.
Elle a donné naissance à 4 petits chaque année.
Combien de petits a-t-elle eus jusqu'ici?

b) Écris une égalité qui correspond à la situation décrite en a.
N'utilise pas l'addition dans ton égalité.

2 Combien de fois faut-il reporter la queue d'un castor pour couvrir la longueur totale de son corps?

3 Combien faudrait-il de castors entiers, placés bout à bout, pour couvrir la largeur de ta classe?

4 Explique pourquoi la forme de la queue du castor est très importante. Donne 2 raisons.

Un album de classe

Dans ma tête

1 Dans chaque cas:

- prédis quel chiffre occupera la position des unités dans le résultat;
- vérifie ta prédiction à l'aide de ta calculatrice.

a) 132 + 142 + 152 = �

b) 106 + 200 + 303 = ▮

c) 164 + 134 + 143 = ▮

d) 234 + 348 + 232 = ▮

e) 236 + 324 + 153 = ▮

f) 409 + 234 + 854 + 236 = ▮

2 Dans chaque cas:

- prédis quel chiffre occupera la position des unités dans le résultat;
- vérifie ta prédiction à l'aide de ta calculatrice.

a) 177 – 133 = ▮

b) 109 – 57 = ▮

c) 23 – 7 = ▮

d) 76 – 24 = ▮

e) 123 – 96 = ▮

f) 106 – 57 = ▮

3 Observe les représentations de nombres suivantes.

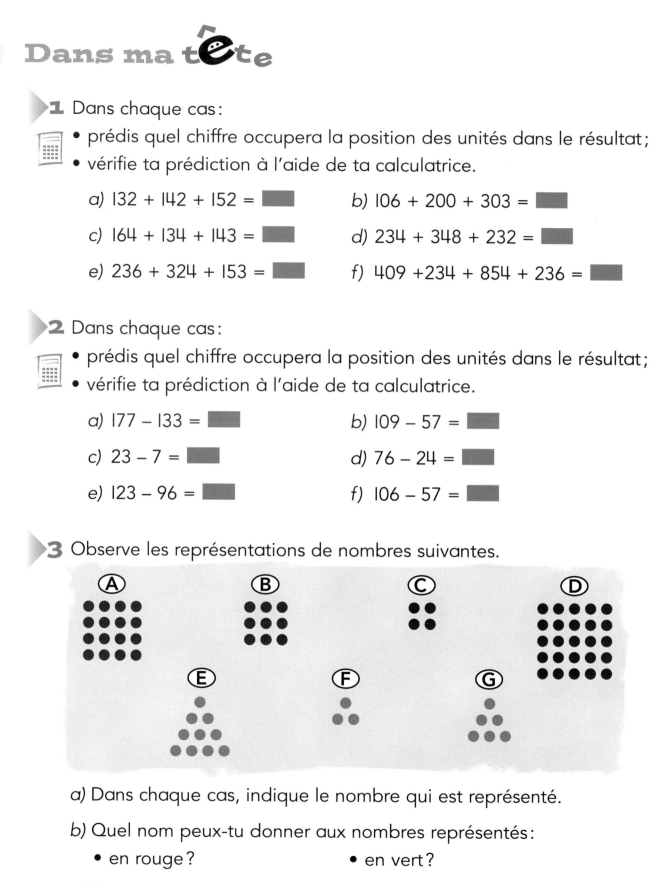

a) Dans chaque cas, indique le nombre qui est représenté.

b) Quel nom peux-tu donner aux nombres représentés:
- en rouge?
- en vert?

c) Trouve 2 autres nombres qui peuvent être représentés:
- en rouge.
- en vert.

Du bout des doigts

1 Appuie sur les touches : $\boxed{1}$ $\boxed{+}$ $\boxed{5}$ $\boxed{=}$ $\boxed{=}$ $\boxed{=}$ $\boxed{=}$ $\boxed{=}$ $\boxed{=}$

- Écris le nombre que tu obtiens chaque fois que tu appuies sur la touche $\boxed{=}$.
- Souligne le chiffre des unités dans chaque nombre. Qu'observes-tu ?

2 Dans chaque cas, suis les consignes.

- Appuie environ 15 fois sur la touche $\boxed{=}$.

  Prédis quel chiffre occupera la position des unités après chaque touche $\boxed{=}$.

- Vérifie tes prédictions.

a) $\boxed{2}$ $\boxed{+}$ $\boxed{5}$ $\boxed{=}$ $\boxed{=}$... b) $\boxed{1}$ $\boxed{+}$ $\boxed{4}$ $\boxed{=}$ $\boxed{=}$... c) $\boxed{1}$ $\boxed{+}$ $\boxed{9}$ $\boxed{=}$ $\boxed{=}$...

3 Résous les équations.

a) $358 + \blacksquare = 722$

b) $\blacksquare + 491 = 833$

c) $563 - \blacksquare = 372$

d) $\blacksquare - 184 = 722$

4 Dans chaque cas, trouve 10 façons différentes d'obtenir un résultat à partir d'un nombre en utilisant 2 opérateurs :

$+\,?$ $+\,?$ ou $+\,?$ $-\,?$ ou $-\,?$ $+\,?$ ou $-\,?$ $-\,?$

Exemple : 543 $\boxed{+\,1}$ $\boxed{+\,3}$ $= 547$

a) 100 ⬭ ⬭ $= 200$

b) 334 ⬭ ⬭ $= 338$

c) 575 ⬭ ⬭ $= 570$

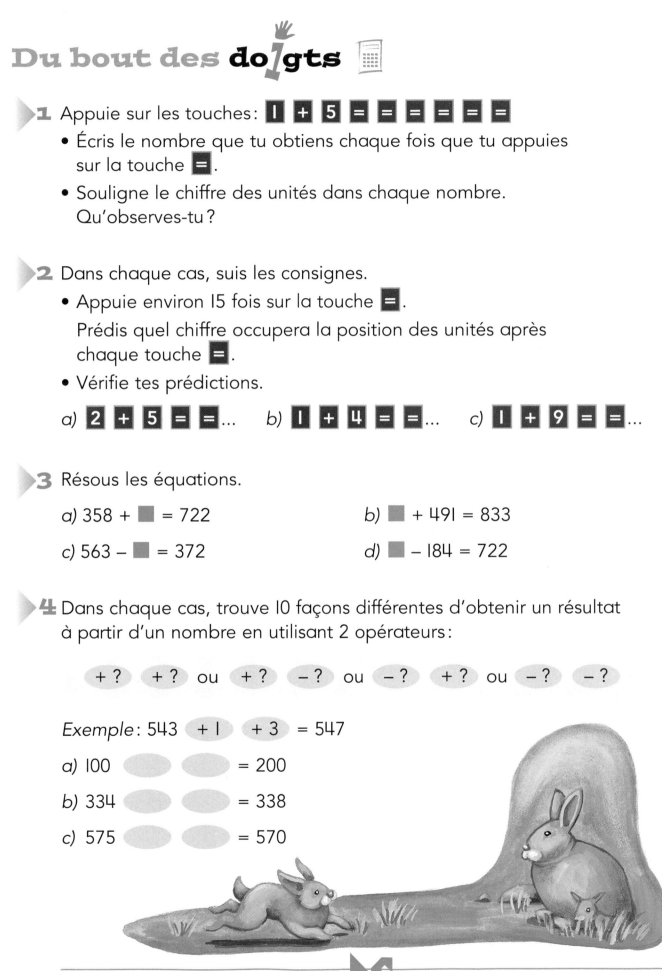

Au fil du temps

1 Observe les 2 suites de nombres.

Suite A	1	2	3	4	5	6	7	8	9	10	11	12
Suite B	5	10	15	20	25	30	35	40	45	50	55	60

a) Qu'est-ce que chacune des suites représente par rapport à une horloge ?

b) Que remarques-tu ?

2 Associe chaque cadran à l'horloge correspondante.

1. 20:10

2. 09:50

3. 03:25

4. 05:15

5. 08:10

6. 15:25

Ⓐ

Ⓑ

Ⓒ

Ⓓ

Des représentations différentes

Autrefois, pour garder la trace d'une quantité, on utilisait des cailloux. On faisait aussi des entailles sur des os.

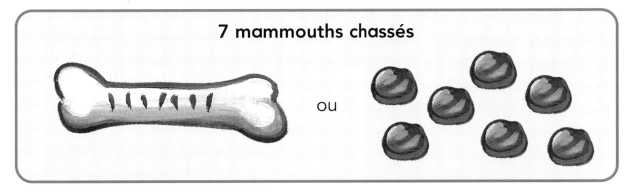

7 mammouths chassés

ou

Beaucoup plus tard, on a eu l'idée de faire des groupements.

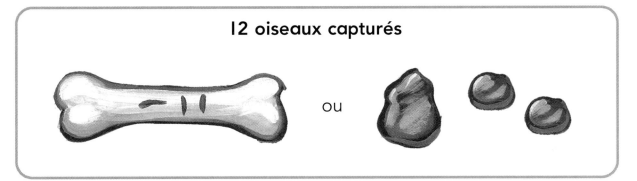

12 oiseaux capturés

ou

Plus tard encore, on a façonné des pièces d'argile pour remplacer les cailloux.
On appelait ces pièces des *calculi*.
Chaque pièce représentait un nombre.
Un bâtonnet pouvait valoir 1, une bille, 10, et un disque, 100.

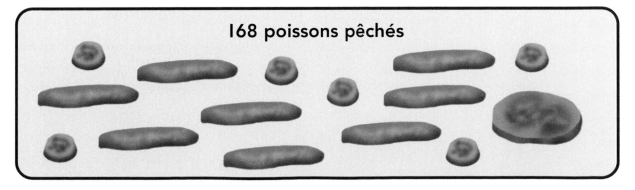

168 poissons pêchés

Les Égyptiens ont imaginé des symboles écrits pour représenter les nombres. Chaque groupe était représenté par un symbole différent.

La représentation du nombre 1238

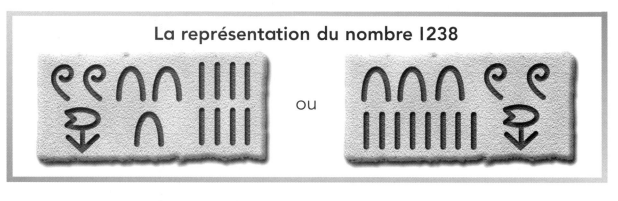

ou

▶ **1** Observe les encadrés de la page 61.

a) Représente le nombre de jours qu'il y a dans une année, à la manière de l'encadré :

   • vert ;   • jaune ;   • bleu.

b) Que remarques-tu ?

▶ **2** Utilise les symboles égyptiens pour représenter :

a) le nombre de jours dans une année ;

b) l'année de ta naissance.

▶ **3** Dans chaque cas, indique quel nombre est représenté.

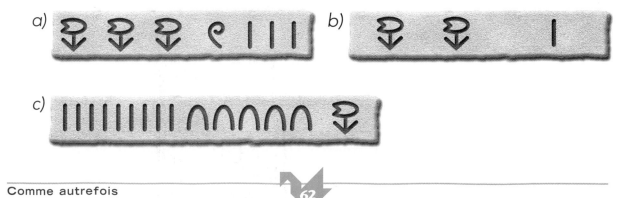

a)   b)

c)

Un mathématicien célèbre : Léonard de Pise dit Fibonacci

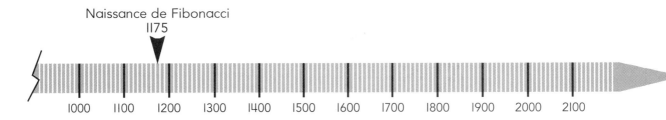

Naissance de Fibonacci
1175

1000 1100 1200 1300 1400 1500 1600 1700 1800 1900 2000 2100

Léonard de Pise, dit Fibonacci, est né en Italie vers 1175.
Il a vécu jusqu'en 1250 environ.
C'était un mathématicien et un commerçant.
Il a beaucoup voyagé dans le monde arabe.
En 1202, il a publié un livre qui a fait connaître les chiffres
indo-arabes en Europe.
Ce sont les chiffres que nous utilisons aujourd'hui pour écrire
des nombres : 0, 1, 2, 3, 4, 5, 6, 7, 8 et 9.

Dans ce livre, Fibonacci
propose un problème qui
permet de trouver une suite
de nombres. Cette suite
porte d'ailleurs son nom :
la suite de Fibonacci.
Le problème consiste
à déterminer la reproduction
d'une famille de lapins
pendant une année
dans des conditions idéales.

Comment lire une ligne du temps

Les nombres placés sous la ligne
sont des repères numériques.
Les nombres placés au-dessus
de la ligne représentent
des années.

Un problème de l'an 1202

Un lapin devient adulte le 3ᵉ mois après sa naissance. Chaque couple de lapins adultes donne naissance à un nouveau couple, chaque mois. À partir d'un couple de lapins, combien de couples de lapins obtient-on dans une année?

▶ **1** Résous le problème de Fibonacci.
Pour t'aider:

- observe la suite illustrée à la page 65;
- trouve la règle de construction de cette suite.

▶ **2** Réponds aux questions suivantes.

a) Combien de couples de lapins naîtront en juillet?

b) Combien de couples de lapins adultes y aura-t-il au total en août?

c) Combien de couples de lapins y aura-t-il au total en septembre?

▶ **3** Relis le texte au haut de la page 5 de ton manuel. Que remarques-tu?

Le problème de Fibonacci en images

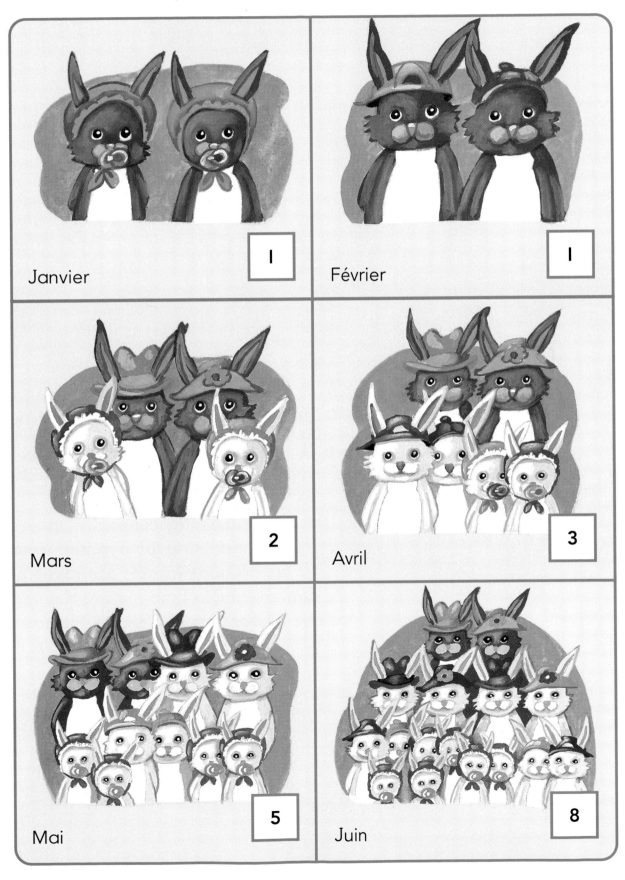

Janvier — 1

Février — 1

Mars — 2

Avril — 3

Mai — 5

Juin — 8

L'architecture

« ... les cubes, les cônes, les sphères, les cylindres ou les pyramides sont les grandes formes primaires que la lumière révèle bien... c'est pour cela que ce sont les plus belles formes... »

LE CORBUSIER
Extrait du livre *Vers une architecture*

Très tôt dans son histoire, l'être humain a organisé son espace. Il a construit des maisons en bois, en terre, en pierre et même en glace. Pour tous ses travaux d'architecture, de la simple cabane au somptueux palais, il a su utiliser la mathématique, la science et la technologie. Il s'en est servi pour choisir la forme la plus solide, calculer la quantité de matériaux nécessaires, mesurer les dimensions requises ou même décorer les murs. *Tangram* te propose d'explorer ce monde fascinant qu'est l'architecture à travers toutes sortes d'activités.

Sur les bancs d'école

Chers parents,

Le deuxième thème abordé dans *Tangram* est «l'architecture». Il fera réaliser à votre enfant l'importance de la mathématique, de la science et de la technologie dans la construction d'édifices ou d'autres structures.

En faisant observer différents édifices, on amènera votre enfant à étudier, à classer, à décrire et à construire des solides géométriques. On lui fera construire une tour et un pont, ce qui lui permettra d'expérimenter certains principes liés à la stabilité et à la résistance des structures, par exemple le centre de gravité, la force de résistance, la tension et la compression. Les divers métiers liés à la construction seront aussi abordés. Votre enfant s'improvisera urbaniste et architecte et réalisera la maquette d'une ville en construisant des édifices de formes diverses.

À la maison, vous pourriez amener votre enfant à observer différentes constructions de son environnement immédiat ou d'ailleurs et à en dégager les caractéristiques: forme, dimensions, date de construction, vocation, etc. Il serait intéressant de demander à votre enfant comment les principes de stabilité et de solidité s'appliquent à ces diverses constructions.

Outre ces activités liées à la géométrie, ce thème présente une situation complète portant sur la résolution de problèmes. La complexité des problèmes proposés incitera votre enfant à développer ses propres stratégies. À ce moment-ci de l'année, il ne résoudra peut-être pas tous les problèmes proposés, mais il enrichira son répertoire de stratégies, à partir d'échanges avec les élèves de son groupe. À la maison, vous pourriez inciter votre enfant à utiliser ses propres stratégies de résolution de problèmes.

Dans ce deuxième thème, votre enfant poursuivra également son apprentissage des nombres naturels jusqu'à cinq chiffres. De plus, on l'amènera à utiliser des équations pour traduire des situations d'addition et de soustraction et à approfondir la notion de terme manquant.

Plusieurs termes sont définis dans la section «Mot à mot» à la fin du manuel. Ils peuvent vous servir à aider votre enfant dans sa compréhension de certaines consignes.

Les auteurs de la collection *Tangram*

À travers les âges

De tout temps, l'être humain a construit des merveilles. En voici quelques-unes parmi les plus audacieuses et les plus belles.

1 Observe la photo de l'église Saint-André-de-Norvège et lis la légende.

   a) Quel âge cette église a-t-elle aujourd'hui ?

   b) Chacune des 4 façades de l'église est ornée de 3 croix en bois. Combien de croix ornent cette église ?

L'église Saint-André-de-Norvège a été construite en 1150, à Borgund, en Norvège. Elle mesure près de 15 mètres de hauteur. Le plus élevé de ses 3 toits est soutenu par 12 mâts.

2 Nabuchodonosor était un grand roi de Babylonie. Au VIᵉ siècle av. J.-C., il s'était fait construire un palais.

Les 2 grands murs qui menaient au palais de Nabuchodonosor étaient ornés d'animaux. Chaque licorne couvrait 40 briques.

Si chacun des murs comptait 30 licornes, combien de briques cela représentait-il ?

Les pyramides de Gizeh,
en Égypte, ont été construites
il y a plus de 4500 ans.
Elles abritent des tombes
de pharaons.

Le temple d'Athéna Nikê
date du Ve siècle av. J.-C.
Comme la plupart des temples
grecs, il est en marbre et orné
de colonnes.

3 Réponds aux questions.

a) Combien d'années environ se sont écoulées :

- entre la construction des pyramides de Gizeh
  et celle du temple d'Athéna Nikê ?

- entre la construction du temple d'Athéna Nikê
  et celle du palais de Nabuchodonosor ?

b) Si chacune des façades du temple d'Athéna Nikê avait
un nombre égal de colonnes, il y en aurait 12 en tout.
Seulement 2 de ses faces ont des colonnes.
Combien de colonnes y a-t-il en tout ?

Le Taj Mahal a été construit à Agra, en 1630. C'est le Shah Djahan qui l'a fait ériger pour servir de tombe à son épouse décédée.

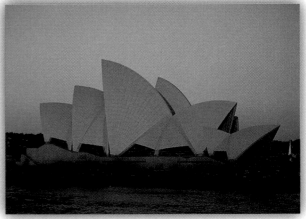

L'opéra de Sydney, en Australie, a ouvert ses portes en 1973. Sa construction a duré 6 ans.

La construction de l'église Basile-le-Bienheureux débuta en 1554, à Moscou. C'est le tsar russe Yvan le Terrible qui la fit construire.

4 Réponds aux questions.

a) Combien d'années se sont écoulées entre la construction du Taj Mahal et celle de l'église Basile-le-Bienheureux ?

b) En quelle année la construction de l'opéra de Sydney a-t-elle commencé ?

c) L'intérieur du Taj Mahal compte 2 coupoles. L'une est à 24 m du sol, l'autre à 61 m. Quelle différence y a-t-il entre les hauteurs de ces deux coupoles ?

À propos de l'architecture

Le temple de Horyu-ji a été construit en l'an 700 à Nara, au Japon. C'est la plus ancienne construction de bois au monde.

Le Stade olympique de Montréal a été construit pour les Jeux olympiques de 1976. Sa tour inclinée est la plus haute au monde et a été terminée en 1987.

Le Colisée de Rome a été construit I siècle ap. J.-C. Il contenait 50 000 places. Tous les spectateurs pouvaient quitter le Colisée en 5 minutes.

5 Choisis 2 des édifices illustrés aux pages 69 à 72. Décris-les avec le plus de précision possible. Note tous les termes mathématiques que tu as utilisés.

Atelier de décoration

Autrefois, on agençait des pièces de formes et de couleurs différentes pour réaliser des mosaïques. Ces mosaïques servaient à décorer les murs, les plafonds et les colonnes des temples ou des palais.

 1 Observe attentivement cette colonne.

    a) Décris quelques-unes des figures planes que tu vois.

    b) Trace 3 de ces figures planes.

    c) Quelles figures planes composent le motif ci-dessous?

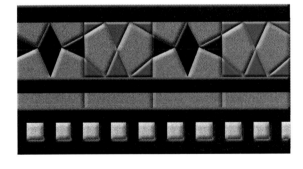

2 Choisis 3 figures planes que tu connais.

    a) Découpe dans du carton plusieurs exemplaires des figures planes que tu as choisies.

    b) Agence tes figures planes de manière à former un motif.

    c) Reproduis ton motif plusieurs fois de manière à créer une mosaïque.

À propos de l'architecture

Architecte en herbe

Dans ton environnement, il y a toutes sortes de constructions :
des maisons, des commerces, des gratte-ciel, des écoles, des édifices
publics. Plusieurs personnes ont décidé de l'agencement de ces édifices
pour rendre ton environnement agréable à vivre. Des urbanistes,
des architectes, des ingénieurs, par exemple, ont planifié l'emplacement
des espaces verts et des zones industrielles, commerciales ou résidentielles.
Des menuisiers, des électriciens, des plombiers et des décorateurs
ont travaillé pour rendre ces édifices confortables et adaptés
à nos besoins. Grâce à eux, les villes ou les villages sont des lieux
où il fait bon vivre.

Pêle-mêle

Une ville imaginaire

Résous les problèmes.
Laisse des traces de ta démarche.

1 Une conduite d'eau mesure 36 m de longueur. Elle est composée de tuyaux de 3 m de longueur. Combien de tuyaux y a-t-il dans cette conduite?

2 Sur un chantier, on utilise des briques par paquets de 5 étages. Chaque étage contient 5 rangées et chaque rangée compte 5 briques. Les ouvriers ont utilisé 5 paquets de briques complets aujourd'hui. Combien de briques ont-ils utilisées?

3 Une ouvrière pose une gouttière autour d'un toit carré de 5 m de côté. Quelle longueur la gouttière doit-elle avoir?

4 Un menuisier pose une moulure autour d'un plancher rectangulaire. Le plancher mesure 6 m de longueur sur 4 m de largeur. Quelle longueur la moulure doit-elle avoir?

5 Un électricien installe un système électrique. La longueur de fil blanc qu'il utilise est 2 fois plus grande que les longueurs de fil noir et de fil rouge réunies. De plus, la longueur de fil rouge est 2 fois moins grande que celle du fil noir. Il se sert de 45 m de fil en tout. Quelle longueur de fil de chaque couleur a-t-il utilisée?

Architecte en herbe

Tu construiras un édifice et tu créeras, avec les autres élèves, la maquette d'une ville imaginaire. Ton édifice devra être composé d'au moins 1 prisme ou 1 pyramide. Tu choisiras l'endroit où tu placeras ton édifice sur la maquette. Tu présenteras ton édifice aux autres élèves de la classe en donnant le plus de précisions possible.

Mais d'abord, tu apprendras à connaître différents solides.

Tu devras :

- observer attentivement différents modèles de solides et leurs représentations ;

- construire des corps ronds, des prismes et des pyramides ;

- classer différents solides géométriques ;

- décrire des polyèdres ;

- construire le squelette de différents solides géométriques ;

- construire des solides à partir de leurs faces ;

- tracer les développements de plusieurs solides ;

- dessiner certains solides.

Un peu de classement

Indique où tu classerais les solides dans le diagramme.

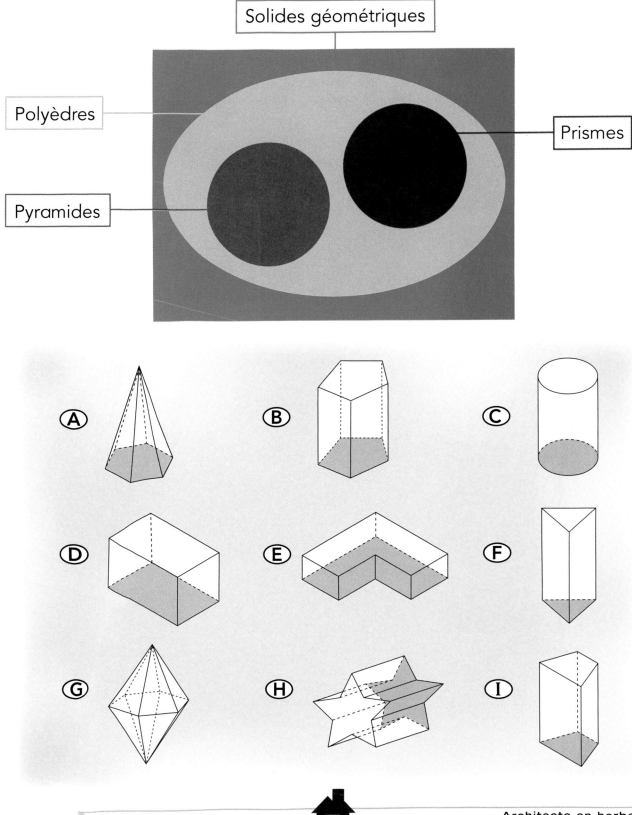

Coupe, coupons, coupez...

1 Quelle figure plane verrais-tu si tu coupais
à l'endroit indiqué?

> Ⓐ Un cercle ●   Ⓑ Un carré ■   Ⓒ Une figure ovale ⬭
>
> Ⓓ Un triangle ▲   Ⓔ Un rectangle ▬

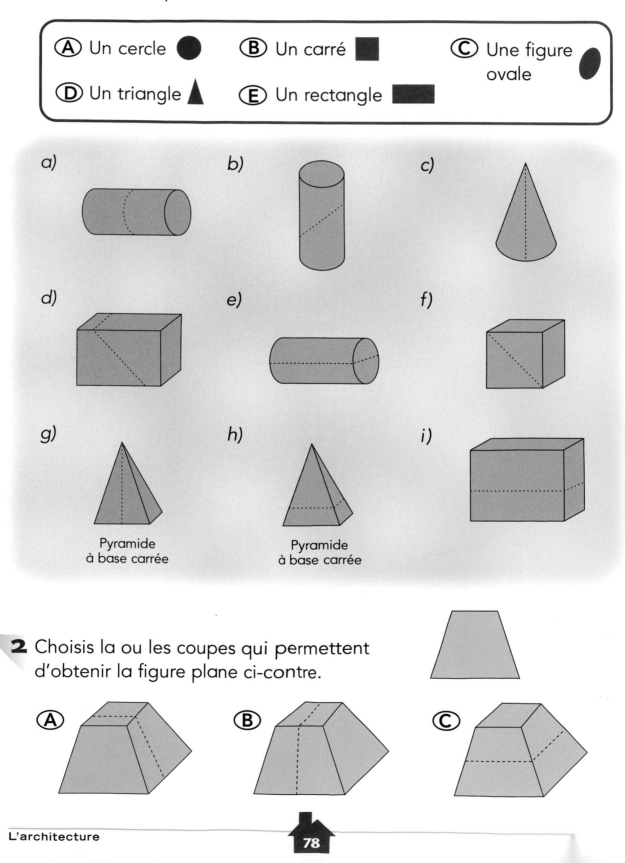

a)

b)

c)

d)

e)

f)

g)

Pyramide
à base carrée

h)

Pyramide
à base carrée

i)

2 Choisis la ou les coupes qui permettent
d'obtenir la figure plane ci-contre.

Ⓐ   Ⓑ   Ⓒ

Des squelettes de solides

Le squelette d'un prisme à base rectangulaire

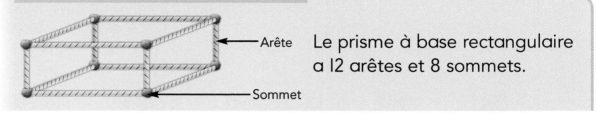

Arête

Sommet

Le prisme à base rectangulaire a 12 arêtes et 8 sommets.

1 Gabriel a représenté un solide. Le squelette de son solide est fait de 12 pailles et de 8 boules de pâte à modeler. Parmi les polyèdres suivants, lesquels peuvent correspondre à celui que Gabriel a représenté?

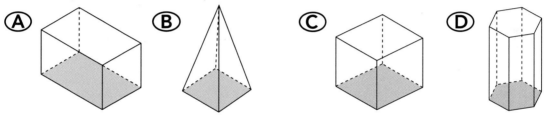

Ⓐ   Ⓑ   Ⓒ   Ⓓ

2 Marie décrit son solide: «Il a 10 arêtes et 6 sommets.» Parmi les polyèdres suivants, lequel Marie peut-elle avoir représenté?

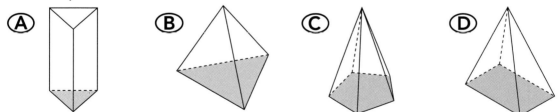

Ⓐ   Ⓑ   Ⓒ   Ⓓ

3 Luce et Marco ont représenté chacun un solide à l'aide d'un squelette. Décris les solides qu'ils ont représentés.

Solide de Luce   **Solide de Marco**

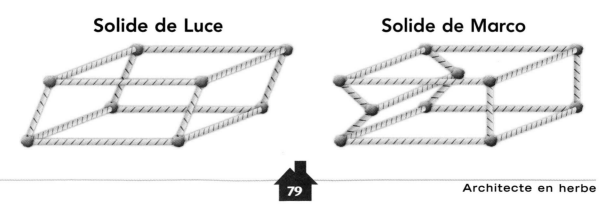

En développement

1 On a représenté un cube sous différents points de vue. Parmi les développements suivants, lequel correspond à ce cube?

Points de vue

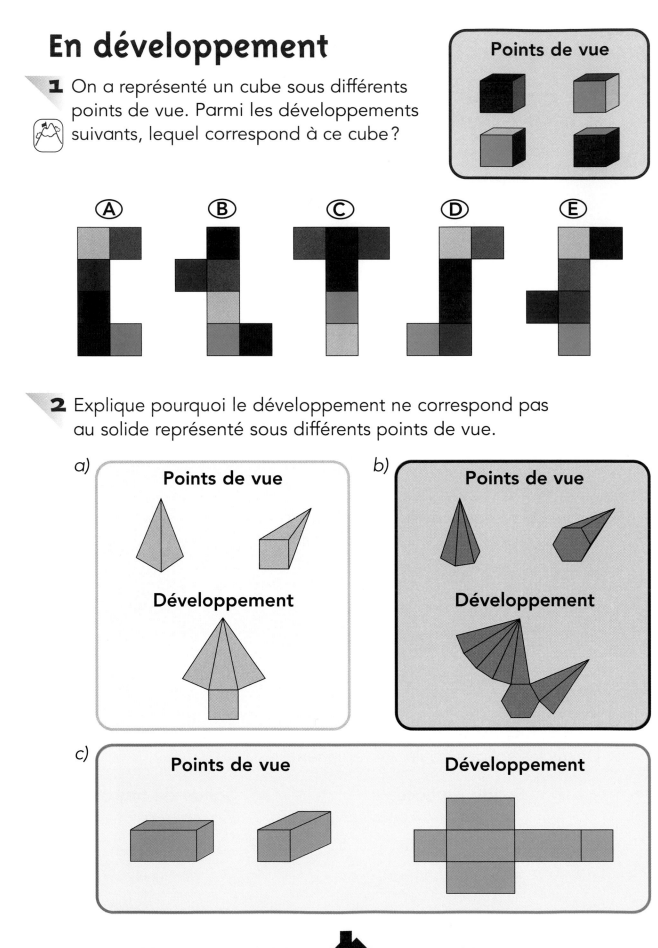

Ⓐ   Ⓑ   Ⓒ   Ⓓ   Ⓔ

2 Explique pourquoi le développement ne correspond pas au solide représenté sous différents points de vue.

a) **Points de vue**

Développement

b) **Points de vue**

Développement

c) **Points de vue**   **Développement**

Notre maquette

1 L'édifice que Sarah veut construire est composé de 9 faces:
I octogone et 8 triangles.

Quel solide correspond à l'édifice de Sarah: un prisme
ou une pyramide? Explique ta réponse.

2 Le développement ci-contre correspond
à l'édifice de Grégory.

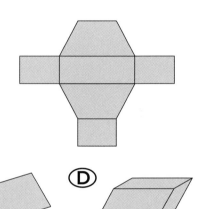

a) Parmi les solides suivants, lequel
correspond à l'édifice de Grégory?

Ⓐ   Ⓑ   Ⓒ   Ⓓ

b) Décris chacun des solides représentés.
Nomme ceux que tu reconnais.

3 L'édifice de Lucille est un prisme.
Il est composé de 5 faces,
9 arêtes et 6 sommets.
Ses faces sont des triangles
et des rectangles.
De quel solide s'agit-il?

Architecte en herbe

4 Le solide que Jeff utilise pour construire
son édifice a le développement suivant.

   a) De quel solide s'agit-il?

   b) Quelles sont les dimensions de ce solide :
   longueur, largeur et hauteur?

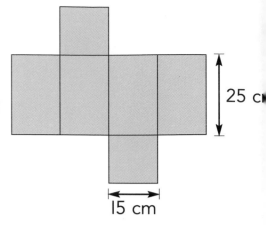

25 c▮

15 cm

5 Voici l'édifice que Rémi a construit.

   a) Décris-le.

   b) Pour construire son édifice,
   Rémi a utilisé 4 rectangles.
   Explique comment il a procédé.

6 Voici l'édifice que Ming a construit. Décris-le en donnant le plus
d'informations mathématiques possible.

L'architecture

Pêle-mêle

Nombres recherchés

Une foule record au Centre de la culture

Une exposition au Centre de la culture a attiré près de 56 000 personnes, au cours des 5 dernières journées. Depuis son ouverture, en 1992, c'est la première fois que le Centre accueille autant de visiteurs.

Au fil des ans, environ 2055 activités ont été organisées à l'intention de la population régionale qui est estimée à 95 000 habitants. Cette année, plus de 15 000 adultes et 40 000 enfants ont pu en profiter.

La bibliothèque du Centre compte 27 089 abonnés. Elle offre 15 005 livres différents en plus de 8050 ouvrages de référence et de 3789 disques compacts. L'auditorium a une capacité de 1273 sièges. Jusqu'ici, on y a présenté 2078 événements. C'est le fameux spectacle *Pêle-Mêle* qui a été le plus populaire, en attirant 75 067 spectateurs. C'était en 1998.

Le musée du Centre possède une collection de 18 900 œuvres. On estime que 15 500 personnes ont admiré la célèbre exposition

sur l'architecture. On y présentait au-delà de 1500 photos et plus de 1075 maquettes d'édifices du monde entier.

Le Centre de la culture a une superficie de 10 005 m^2. Il est situé au 10 041, avenue des Pins.

1 Lis l'article ci-dessus, puis réponds aux questions.

   a) Est-ce qu'il y a des nombres qui sont difficiles à lire? Lesquels?

   b) Quels nombres expriment des approximations?

   c) Quel est le plus grand nombre? le plus petit nombre?

Avec un ou une autre élève, tu rédigeras 2 devinettes sur des nombres naturels. Tu participeras ainsi à la création d'un recueil collectif de devinettes.

Pour y arriver, ton équipe recevra une fiche d'information sur un édifice. Cette fiche contiendra un nombre à 4 chiffres et un nombre à 5 chiffres. Tu dois garder ces nombres secrets.

Tout au long des activités proposées, ton équipe devra:

• trouver des renseignements mathématiques sur chaque nombre secret;

• choisir les renseignements qui serviront à la rédaction des devinettes;

• rédiger les indices qui composeront les devinettes et les présenter à toute la classe;

• écrire les devinettes dans le recueil de la classe.

Ton équipe pourra aussi faire une recherche sur son édifice.

2 Lis les indices suivants et trouve le nombre-mystère à 4 chiffres. Utilise un tableau de numération au besoin.

> • 1258 contient deux des chiffres du nombre-mystère, mais ils ne sont pas à la bonne position.
>
> • 4965 contient un chiffre du nombre-mystère, mais il n'est pas à la bonne position.
>
> • 4397 contient un chiffre du nombre-mystère. Ce chiffre est à la bonne position. Il vaut 30 dizaines.
>
> • 1706 contient un chiffre du nombre-mystère. Ce chiffre est à la bonne position des unités.

Quel est le nombre-mystère? Est-ce qu'il y a d'autres possibilités?

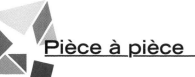

Lecture et écriture de nombres

Pour les numéros 1, 2 et 3, utilise tes étiquettes de mots-nombres.

1 Utilise les étiquettes suivantes.

| un | quatre | vingt | soixante | cent (cents) | et |

a) Forme 10 nombres en combinant plusieurs étiquettes ou toutes ces étiquettes. Écris en chiffres chaque nombre que tu formes.

b) Place tes nombres dans l'ordre croissant.

2 Complète les nombres en plaçant 1 étiquette par boîte.
Tu dois former tous les nombres à 5 chiffres possibles.
Écris en chiffres les nombres que tu formes.
Utilise les étiquettes suivantes.

| quatre | douze | vingt | soixante |

a) [ ] | mille | [ ] | cent | [ ]

b) [ ] | [ ] | mille | cent | [ ]

3 Dans chaque cas, utilise toutes les étiquettes suivantes :

| trois | cinq | sept | cinquante | cent | mille |

a) Écris un nombre à 4 chiffres plus petit que 5357.

b) Écris un nombre à 4 chiffres plus grand que 5357.

Des nombres à deviner

Écrire les nombres naturels en lettres

On peut écrire les nombres naturels en lettres ou en chiffres.

Pour écrire en lettres les nombres composés de 1 à 5 chiffres, on peut utiliser 25 mots:

zéro	un	deux	trois	quatre	cinq	six
sept	huit	neuf	dix	onze	douze	treize
quatorze	quinze	seize	vingt	trente	quarante	
cinquante	soixante	cent	mille	et		

Certains nombres s'écrivent avec un seul mot.
D'autres se forment avec plus d'un mot.

Exemples: ⎣quatre⎦ ⎣six⎦ ⎣trente-trois⎦ ⎣cinq cent quatre-vingt-six⎦

⎣deux mille trente-deux⎦ ⎣dix-huit mille cinquante⎦

On utilise le mot « et » pour réunir le mot « un » aux dizaines.
Exemples: vingt et un, cent trente et un, quarante et un, mille cinquante et un, soixante et un. On s'en sert aussi pour écrire les nombres contenant les mots « soixante et onze ». On ne l'utilise pas pour écrire les nombres contenant « quatre-vingt-un ».

5 Associe chaque nombre écrit en lettres à un nombre écrit en chiffres.

a) deux cent trente-huit

b) quatre-vingt-dix-sept

c) six cent quarante-six

d) cinquante-trois mille dix-huit

e) deux mille cinq cents

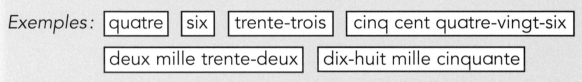

646   8017
          53 118
97
    20 038   238
          53 018
696
      2500

6 Écris en lettres les nombres suivants.

a) 78   b) 121   c) 3491   d) 12 309   e) 301   f) 64 000

Par dizaines et par centaines

Résous les problèmes suivants.
Utilise l'abaque sur papier, au besoin.

1 Les vis se vendent à l'unité,
par sachets de 10 ou par boîtes de 100.
Un ébéniste doit acheter 4565 vis.

    a) Combien de vis lui manquerait-il ou aurait-il en trop :

        • s'il en achetait 46 boîtes ?

        • s'il en achetait 10 boîtes et 350 sachets ?

    b) Qu'est-ce que l'ébéniste devrait acheter pour avoir le nombre exact de vis ?

2 Dans un magasin, un commis a compté 86 boîtes
de 1000 écrous et 112 écrous à l'unité.
Combien d'écrous le commis a-t-il comptés en tout ?

3 On vend des crochets par paquets de 10 seulement.
Lisa a besoin de 3065 crochets.

    a) Combien de paquets doit-elle acheter ?

    b) Est-ce qu'il restera des crochets ? Si oui, combien ?

4 Jean utilise 6400 bâtonnets pour fabriquer des coffrets.
Les bâtonnets se vendent par boîtes de 1000.

    a) Combien de boîtes Jean doit-il acheter ?

    b) Est-ce qu'il restera des bâtonnets ? Si oui, combien ?

5 Julia a besoin de 1070 tuiles
pour recouvrir le toit de sa maison.
Les tuiles se vendent par paquets de 10.
Combien de paquets
Julia doit-elle acheter ?

Un nombre décortiqué

Des équivalences

Dans un gros cube, il y a :
- 1000 petits cubes ou ;
- 100 bâtonnets ou ;
- 10 plaques.

Une unité de mille vaut :
- 1000 unités ou ;
- 100 dizaines ou ;
- 10 centaines.

Dans un gros bâtonnet, il y a :
- 10 000 petits cubes ou,
- 1000 bâtonnets ou,
- 100 plaques ou,
- 10 gros cubes.

Une dizaine de mille vaut :
- 10 000 unités ou,
- 1000 dizaines ou,
- 100 centaines ou,
- 10 unités de mille.

1 Observe le tableau, puis réponds aux questions.

Dizaine de mille	Unité de mille	Centaine	Dizaine	Unité
3	2	4	7	9

Dans le nombre 32 479, combien y a-t-il :

a) d'unités ?

b) de dizaines ?

c) de centaines ?

d) d'unités de mille ?

e) de dizaines de mille ?

2 Observe la représentation ci-dessous, puis réponds aux questions.

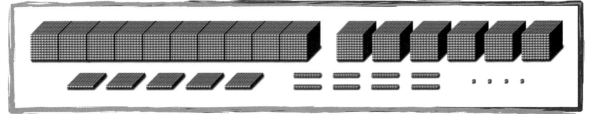

a) Quel nombre est représenté ?

b) Dans ce nombre, combien y a-t-il de dizaines ? de centaines ?
   d'unités de mille ?

c) Dans ce nombre, quel est le chiffre à la position des unités de mille ?

d) À partir du nombre représenté, quel nombre obtiens-tu :
   - si tu enlèves 9 dizaines ?
   - si tu ajoutes 3 dizaines et 8 unités ?
   - si tu enlèves 300 unités ?
   - si tu ajoutes 5 unités de mille ?

3 Dans chaque cas, indique combien il y a :
   - de dizaines ;
   - de centaines ;
   - d'unités de mille.

   a) 3679   b) 76 805   c) 64 007   d) 6025   e) 82 671

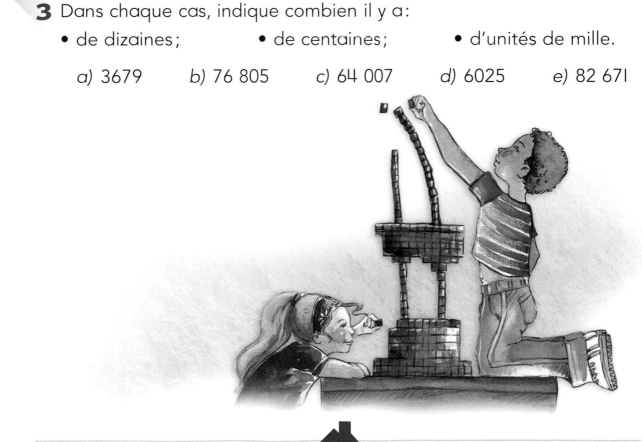

Sur la droite numérique

1 Remplace les lettres par des nombres sur la droite numérique.

a)

A   1090   B   C   1098 D E

b)

9997 A   B   C 10 003   D   E

2 Trace une droite numérique ayant 13 intervalles de même longueur et de même valeur. Place les nombres suivants sur ta droite.

| 962 | 949 | 956 | 953 | 961 |

3 Trace une droite numérique qui débute à 800 et se termine à 1000, sans indiquer d'intervalles.
Indique à quel endroit approximativement les nombres suivants seraient placés sur ta droite.

| 910 | 811 | 832 | 870 | 985 | 949 |

4 Parmi les nombres suivants, lesquels seraient situés dans l'intervalle indiqué?

| 5140 | 1504 | 5306 | 5087 | 5014 | 5041 |
| 5044 | 504 | 5401 | 5404 | 544 | 5099 |

5040   5104

Arrondir des nombres

1 Voici 4 édifices célèbres et le nombre de marches qu'ils contiennent. Arrondis chaque nombre :

- à la dizaine ;
- à la centaine.

Utilise la fiche qu'on te remettra.

Tour de Pise, en Italie.
294 marches

Tour Eiffel, en France.
1665 marches

Tour du CN, au Canada.
2579 marches

Empire State Building, aux États-Unis.
1860 marches

2 Depuis 1978, une course a lieu chaque année dans l'escalier de l'Empire State Building. Les coureurs montent les 1567 marches qui séparent l'entrée principale du 86e étage.
Arrondis à la centaine le nombre de marches montées par les coureurs.

3 Parmi les nombres ci-contre, indique lesquels donnent 4500 si on les arrondit :

- à la dizaine ;
- à la centaine.

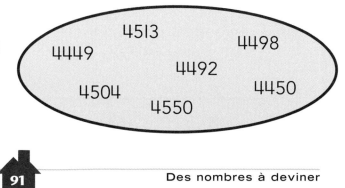

4513
4449
4498
4492
4504
4450
4550

Des nombres à deviner

De l'ordre dans les nombres

1 Complète les inégalités à l'aide des signes > ou <.
Utilise la droite numérique pour t'aider.

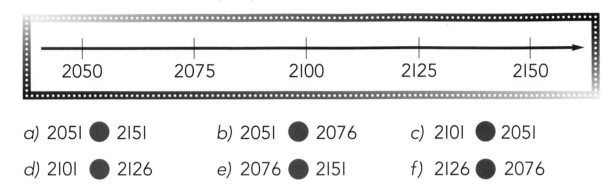

a) 2051 ● 2151

b) 2051 ● 2076

c) 2101 ● 2051

d) 2101 ● 2126

e) 2076 ● 2151

f) 2126 ● 2076

2 Dans chaque cas, trouve le nombre qui vient immédiatement avant
et immédiatement après.

a) 4587   b) 999   c) 1900   d) 5099   e) 16 099   f) 8000

3 Complète chaque inégalité en utilisant un des nombres proposés.

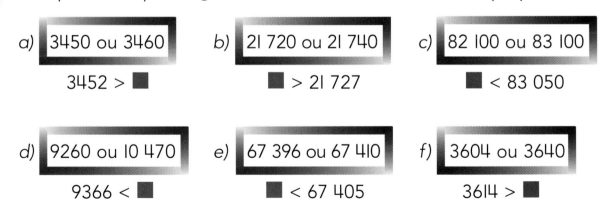

a) 3450 ou 3460

3452 > ■

b) 21 720 ou 21 740

■ > 21 727

c) 82 100 ou 83 100

■ < 83 050

d) 9260 ou 10 470

9366 < ■

e) 67 396 ou 67 410

■ < 67 405

f) 3604 ou 3640

3614 > ■

4 Trouve les chiffres qui manquent dans les nombres placés
sur la droite numérique.

7■89   7■20   7145   7■86   7■08   7230

Tangram

Toutes sortes de devinettes

1 Lis les indices et trouve le nombre recherché.

a)
- Est-ce que c'est un des nombres suivants ? Oui.

  4325   43 354   4287   4324   320   43 348   4502

- Ce nombre est-il composé d'un chiffre qui vaut 20 dizaines ? Non.
- Est-ce un nombre à 3 chiffres ? Non.
- Est-ce que le chiffre à la position des dizaines est pair ? Oui.
- Deux de ses chiffres valent-ils ensemble 430 centaines ? Non.
- Est-il plus grand que 4300 et plus petit que 4500 ? Oui.
- Si on arrondit ce nombre à la dizaine, obtient-on 4330 ? Non.

b)
- Il n'y a pas de chiffres identiques dans ce nombre.
- Le chiffre à la position des unités est impair
  et est plus grand que 7.
- Le chiffre à la position des dizaines est impair.
- Quand on l'écrit en lettres, on n'utilise pas le mot « cent ».
- Le chiffre à la position des dizaines ne vaut pas 70 unités.
- Ce nombre peut compléter cette inégalité :
  $4999 < \blacksquare < 6000$.
- La somme des chiffres qui le composent n'est pas 15.

2 Lis les indices suivants.

- Un des chiffres de ce nombre vaut 40 centaines.
- Le chiffre à la position des unités est plus petit que 5.

a) Trouve un nombre qui répond à ces indices. Est-ce qu'il
   y a d'autres possibilités ? Si oui, trouves-en une autre.

b) Compose d'autres indices de manière qu'il n'y ait
   qu'une seule réponse possible.

Des nombres à deviner

Équilibre fragile

Le pont de Québec s'est effondré deux fois pendant sa construction. La première fois, en 1907, parce qu'il était beaucoup trop lourd. Les ingénieurs avaient fait de mauvais calculs. La seconde fois, en 1916, une pièce importante a brisé, causant le déséquilibre de la structure.

La tour de Pise, en Italie, est l'une des constructions les plus célèbres dans le monde. Elle penche tellement, qu'on dirait qu'elle va s'écrouler! Dès 1173, année de sa construction, elle a commencé à s'incliner d'un peu plus de 1 mm par année. Ses fondations ne sont pas suffisantes et le sol est très mou.

En 1998, le Canada a connu la pire tempête de verglas de toute son histoire. En 5 jours, plus de 100 mm de pluie verglaçante sont tombés sur le Québec. Plusieurs pylônes électriques se sont effondrés sous le poids de la glace et la force des vents.

a) Si tu devais construire un édifice ou une tour, à quoi devrais-tu penser?

b) Comment procéderais-tu pour que ta construction soit stable et solide?

c) Selon toi, quel rôle la mathématique peut-elle jouer dans la construction d'une tour ou d'un gratte-ciel?

Ton projet

Tu construiras une tour à partir des matériaux qu'on t'indiquera. Ta tour devra mesurer au moins 30 centimètres de hauteur. Elle devra être assez solide pour supporter un soulier. Elle devra aussi être assez stable pour résister au courant d'air produit par un ventilateur.

Pour y arriver, tu devras:

- expérimenter la façon de répartir le poids dans une construction pour qu'elle reste en équilibre;

- trouver le centre de gravité de différentes formes géométriques et de divers objets;

- comparer la solidité et la stabilité de différentes formes géométriques.

Entre ciel et terre

Pièce à pièce

En équilibre

Certains objets sont stables alors que d'autres se renversent facilement.
De quoi cela dépend-il?

Dans le feu de l'action

Voici une expérience qui te permettra de découvrir de quoi dépend
la stabilité des objets.

1° Prends une boîte cylindrique, de carton
ou de plastique, qui a un couvercle.
Confectionne une boule de pâte à modeler.
Fixe cette boule dans le fond de ta boîte.
Replace le couvercle sur ta boîte.

2° Dépose ta boîte sur un livre
qui a une couverture rigide.
Place une règle le long de ta boîte.
Le début de sa graduation
doit correspondre
à la couverture du livre.

3° Soulève doucement la couverture du livre.
Lorsque la boîte commence à glisser
ou à basculer, note, sur la règle,
à quelle hauteur est la couverture.

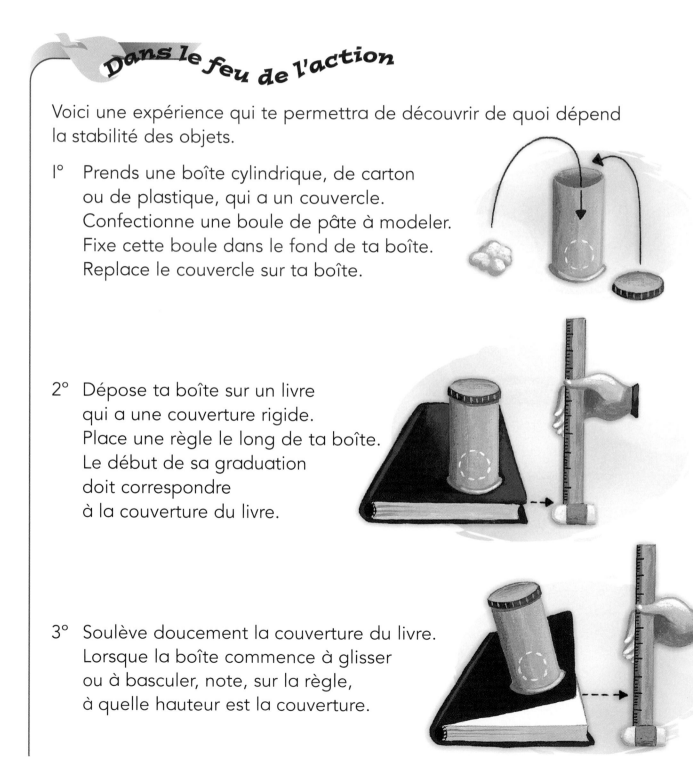

4° Recommence la même démarche. Cette fois-ci, fixe la boule de pâte à modeler sous le couvercle de ta boîte.

5° Poursuis ton exploration avec des boîtes cylindriques de hauteurs et de grosseurs différentes.

1 Réponds aux questions suivantes.

a) L'endroit où la pâte à modeler est fixée joue-t-il un rôle dans l'équilibre de la boîte? Si oui, de quelle façon?

b) Est-ce que la hauteur ou la largeur de la boîte a une influence sur les résultats?

c) À quoi devras-tu penser quand tu construiras ta tour?

2 Observe les différentes constructions. Chacune a été réalisée à l'aide de 15 cubes emboîtables.

Selon toi, laquelle est la plus stable? Explique ta réponse.

Entre ciel et terre

Le centre de gravité

Les ingénieurs et les architectes doivent tenir compte du centre de gravité lorsqu'ils construisent une structure. Ils s'assurent ainsi que le poids est bien réparti pour que la construction ne s'écroule pas.

Dans le feu de l'action

Comment faire tenir en équilibre, sur le bout du doigt, une forme dont le contour n'est pas un polygone ? Voici une façon simple d'y arriver.

1° Prends un morceau de carton. Trace une figure qui n'est pas un polygone. Découpe-la. Avec la pointe d'un crayon, perce un trou près du bord de la forme.

2° Découpe une ficelle de 30 cm de longueur. Fais une boucle à un des bouts et accroche un boulon à l'autre bout.

3° Déroule un trombone pour en faire un crochet. Fixe-le sur le bord de ton pupitre avec du ruban adhésif.

4° Accroche ta forme, puis la ficelle et le boulon à ce crochet.

5° Lorsque la ficelle
et le boulon cessent
de bouger, trace une ligne
sur le carton le long
de la ficelle.

6° Avec un crayon, fais un autre trou
ailleurs sur le bord de la forme.

7° Refais les étapes 4 et 5. Fais un point
à l'endroit où les deux lignes se croisent.

8° Vérifie si tu as bien trouvé
le centre de gravité de ta forme.
Place ton doigt sur le point que
tu as tracé. Tiens ta forme en équilibre
sur le bout de ton doigt.

Cette tour a été construite avec 7 cubes emboîtables.

a) Selon toi, où se trouve le centre
de gravité de cette tour ?

b) Que faudrait-il faire
pour que le centre de gravité
de la tour soit plus bas ?

Clin d'Œil

Gustave Eiffel, l'ingénieur qui a conçu la fameuse tour
Eiffel, à Paris, a inscrit les noms de 72 savants sur la frise
qui fait le tour de sa construction. On y trouve,
entre autres, le nom du chimiste Antoine Lavoisier
et celui du physicien et mathématicien André Ampère.

Entre ciel et terre

Des ensembles de figures

Concave, convexe

Pour déterminer si une figure plane est concave ou convexe:

• relie 2 points de sa frontière en traçant une ligne droite;

• répète cette opération à plusieurs autres endroits sur la figure.

Si tu peux tracer une ligne qui est en partie ou entièrement à l'extérieur de la figure, cette figure est **concave**. Sinon, elle est **convexe**.

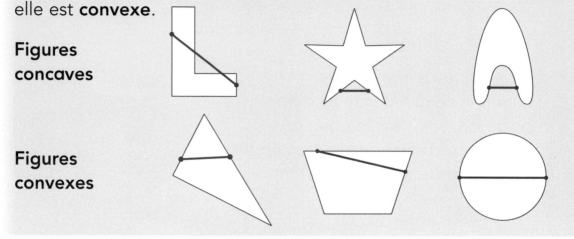

Figures concaves

Figures convexes

---

1 Indique où tu classerais les figures suivantes dans le diagramme.

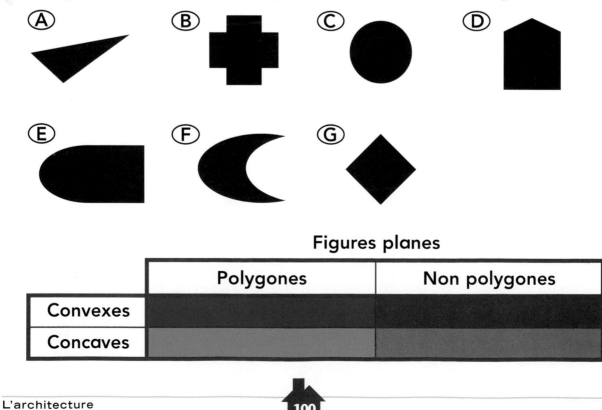

	Figures planes	
	Polygones	**Non polygones**
Convexes		
Concaves		

2 Observe le diagramme.

a) Indique où tu classerais les figures suivantes.

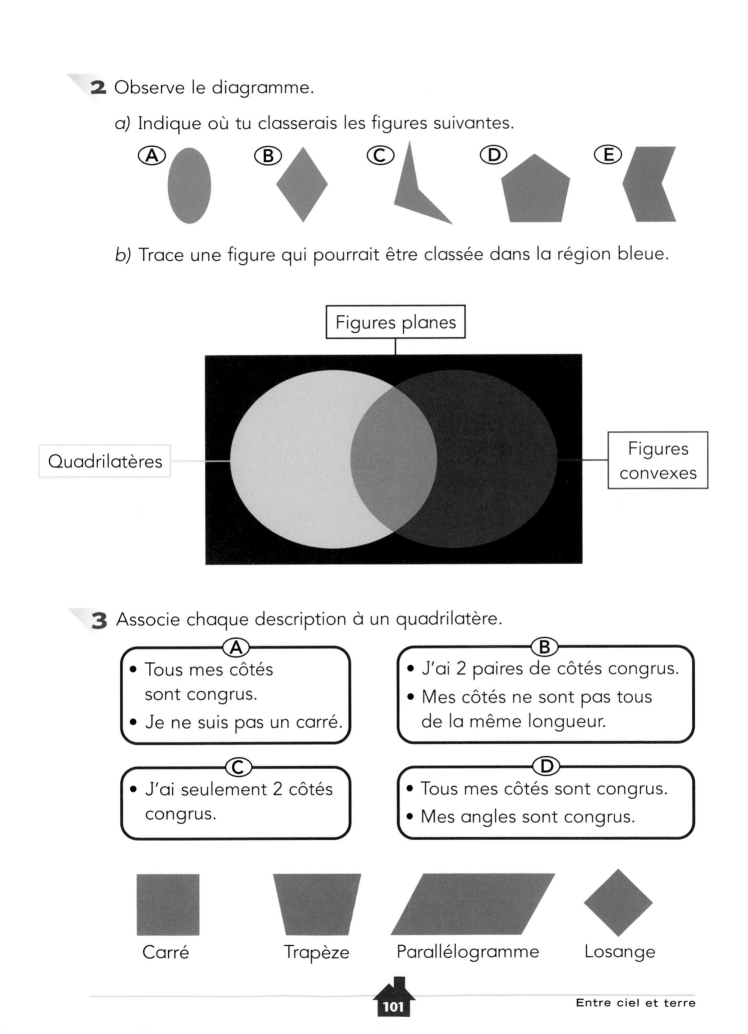

Ⓐ Ⓑ Ⓒ Ⓓ Ⓔ

b) Trace une figure qui pourrait être classée dans la région bleue.

Figures planes

Quadrilatères

Figures convexes

3 Associe chaque description à un quadrilatère.

Ⓐ
- Tous mes côtés sont congrus.
- Je ne suis pas un carré.

Ⓑ
- J'ai 2 paires de côtés congrus.
- Mes côtés ne sont pas tous de la même longueur.

Ⓒ
- J'ai seulement 2 côtés congrus.

Ⓓ
- Tous mes côtés sont congrus.
- Mes angles sont congrus.

Carré   Trapèze   Parallélogramme   Losange

Tout est dans la forme

Stabilité et solidité

Une structure est **stable** si des forces extérieures
(vent, gravité, etc.) ne réussissent pas à la déplacer
ou à la faire tomber.

Une structure est **solide** si elle ne se brise pas ou ne
se déforme pas lorsqu'elle supporte certaines charges.

1 Construis les formes suivantes.
Utilise des bandes de carton et des trombones.

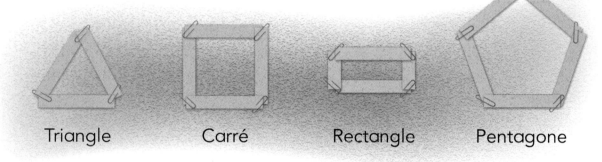

Triangle   Carré   Rectangle   Pentagone

2 Vérifie la stabilité et la solidité de chacune des formes
que tu as construites à l'activité I.
Tiens 2 de leurs côtés et essaie de les déformer en exerçant
une petite pression en diagonale.
Réponds aux questions suivantes.

a) Quelles constructions se déforment le plus?

b) Quelles constructions se déforment le moins?

c) Où ajouterais-tu des bandes de carton
pour solidifier tes formes?
Quelles nouvelles formes obtiendrais-tu?

d) Trouve 2 façons de placer 3 bandes
de carton dans une forme hexagonale
pour la solidifier.

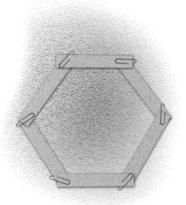

 Tangram

Un peu plus haut

1 Explique pourquoi ces 2 tours sont stables et solides.
Utilise tes connaissances en mathématique, en science
et en technologie.

Tour Eiffel (1889)
Paris (France)
Hauteur: 324 mètres

Gratte-ciel de la Banque de Chine (1989)
Hong Kong (Chine)
Hauteur: 369 mètres

2 Relis la page 95 de ton manuel *Tangram*.

a) Construis une tour stable et solide.
Utilise le matériel qu'on te remettra.

b) Mesure la hauteur de ta tour.

c) Compare ta tour avec celles de tes camarades.

d) Vérifie la stabilité et la solidité de ta tour.

Entre ciel et terre

Pêle-mêle

Des nombres en tête

Dans chaque cas, trouve la solution. Laisse des traces de ta démarche.

1 Odile partage ses autocollants entre elle et ses 3 amies.
Chacune reçoit 3 autocollants.
Combien d'autocollants Odile avait-elle à partager?

2 Michèle a 6 cubes. Josée dit qu'elle a 10 fois plus de cubes
que Michèle.
Combien de cubes Josée a-t-elle?

3 Benjamin invite 6 amis
pour son anniversaire.
Chaque ami lui donne
4 petites autos.
Combien de petites autos
Benjamin reçoit-il?

4 Simone place 4 rangées de chaises dans une salle.
Dans chaque rangée, il y a 7 chaises.
Combien de chaises Simone place-t-elle?

5 Paul emmène son chat chez le vétérinaire.
Il y a déjà 2 chats et 1 chien
dans la salle d'attente.
Combien de pattes y a-t-il maintenant
dans la salle d'attente?

6 Pascal range ses livres dans la bibliothèque.
Il place 10 livres par tablette. Il utilise 3 tablettes.
Combien de livres Pascal range-t-il?

Des multiplications

Chaque illustration représente une multiplication.

• Trouve le produit mentalement.

• Note l'égalité correspondante.

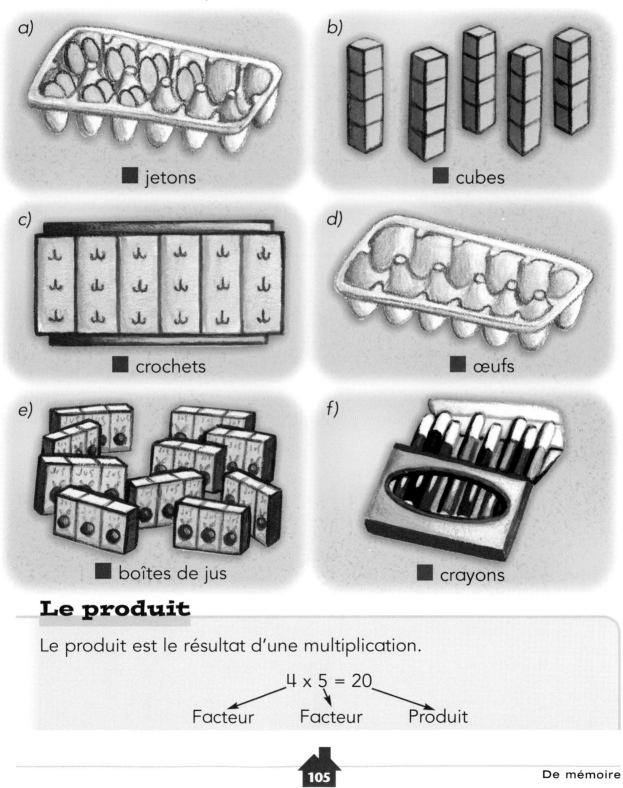

a) ■ jetons

b) ■ cubes

c) ■ crochets

d) ■ œufs

e) ■ boîtes de jus

f) ■ crayons

Le produit

Le produit est le résultat d'une multiplication.

$$4 \times 5 = 20$$

Facteur   Facteur   Produit

Des multiples

1 Indique les multiples :

   a) de 2, de 0 à 30 ;

   b) de 3, de 0 à 30 ;

   c) de 2 et 3 à la fois, de 0 à 30.

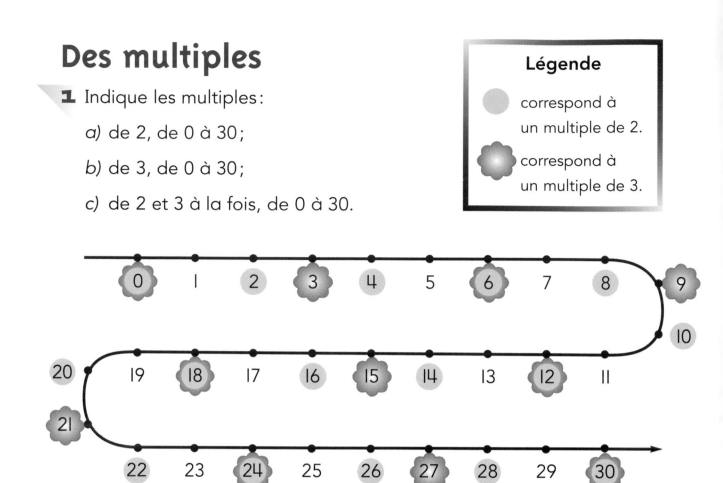

Les multiples d'un nombre

Pour trouver les multiples d'un nombre, il faut multiplier ce nombre par la suite des nombres naturels (0, 1, 2, 3, 4, 5, 6, 7, etc.).

Exemple : 0 x 2 = 0   1 x 2 = 2   2 x 2 = 4   3 x 2 = 6   4 x 2 = 8, etc.

Multiples de 2 :   0   2   4   6   8, etc.

2 Trouve :

   a) 4 multiples de 3 compris entre 30 et 50.

   b) 4 multiples de 4 compris entre 30 et 50.

   c) 2 nombres qui sont à la fois multiples de 3 et de 4, compris entre 30 et 50.

Tangram

Mémoire d'éléphant

1 Écris les produits que tu es capable de trouver rapidement.

a) 2 x 4   b) 0 x 8   c) 5 x 10   d) 4 x 6

e) 132 x 0   f) 10 x 3   g) 8 x 7   h) 4 x 3

i) 5 x 6   j) 8 x 2   k) 1 x 6   l) 4 x 5

2 Pour chaque problème, trouve la solution.
Écris l'égalité correspondante. Utilise le signe ⨂ .
Utilise les outils de ton choix, sauf la calculatrice.

a) Éric vend des vélos.
Il a vendu 9 vélos
la semaine dernière.
Combien de roues
cela fait-il?

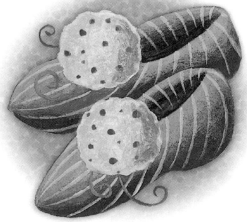

b) Ariane achète des feuilles d'autocollants.
Sur chaque feuille, il y a 6 autocollants.
Elle achète 4 feuilles.
Combien d'autocollants Ariane achète-t-elle?

c) Daphné a 8 crayons de couleur. Thierry dit en avoir 3 fois plus.
Combien de crayons de couleur Thierry a-t-il?

d) Félix range ses autos sur une tablette.
Il les place en 7 rangées.
Dans chaque rangée, il place 9 autos.
Combien d'autos Félix range-t-il?

e) Pauline tricote une paire de pantoufles
pour chacun de ses 7 petits-enfants.
Combien de pantoufles tricote-t-elle?

De mémoire

Des problèmes en construction

Pêle-mêle

Des équations en vrac

1 Représente chaque situation
par une équation.
Trouve le terme manquant.
Laisse des traces de ta démarche.

a) Mathieu et Hubert ont
164 cubes ensemble.
On sait qu'Hubert a 96 cubes.
Combien de cubes Mathieu a-t-il?

b) Jules a rangé 48 pots de colle sur une étagère.
Il doit en ranger 115 en tout.
Combien de pots de colle lui reste-t-il à ranger?

c) À la fin d'un film, 284 personnes quittent la salle de cinéma.
Il reste encore 839 personnes dans la salle.
Combien de personnes y avait-il dans la salle
au début de la présentation?

d) Myriam utilise 24 cartes
pour construire un château.
Elle a déjà placé 12 cartes.
Combien de cartes lui reste-t-il
à placer?

2 Compare tes résultats de l'activité 1 à ceux
de tes camarades.

a) Avez-vous trouvé les mêmes équations? Sinon, es-tu d'accord
avec les équations que tes camarades ont trouvées?

b) Avez-vous obtenu les mêmes résultats?

c) Avez-vous utilisé les mêmes moyens pour calculer?

Des bonds sur la droite

1 Écris l'égalité qui correspond à chaque droite en utilisant seulement 3 nombres.

a)

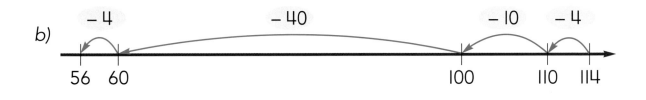

b)

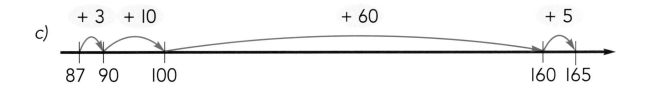

c)

2 Dans chaque cas :

- trouve les nombres et les opérateurs qui manquent ;
- écris l'égalité correspondante en utilisant seulement 3 nombres.

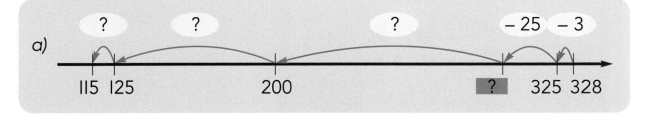

a)

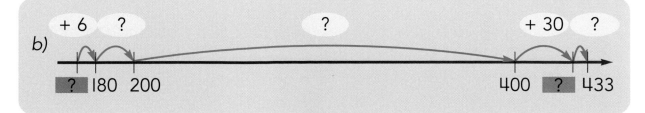

b)

Un grand choix de moyens

1 Trouve les termes manquants. Utilise le moyen qui te convient.

a) 176 − ■ = 87

b) ■ + 369 = 814

c) 3 + ■ = 78

d) ■ − 596 = 981

e) 99 + ■ = 951

f) 90 − 45 = ■

g) 4054 − 867 = ■

h) 125 + ■ = 232

i) 2104 − ■ = 952

j) 714 + 367 = ■

k) 18 − ■ = 12

l) 700 − 60 = ■

2 Dans chaque cas:

- utilise la droite numérique pour représenter la situation;
- écris l'équation qui correspond à la situation;
- réponds à la question à l'aide de la droite numérique ou de la calculatrice;
- laisse des traces de ta démarche.

a) Hubert est camionneur.
À sa première livraison, l'odomètre de son camion indique 3264 km.
À la deuxième livraison, l'odomètre indique 3436 km.
Combien de kilomètres Hubert a-t-il parcourus entre les deux livraisons?

b) Au premier arrêt, 48 élèves montent dans un autobus scolaire et personne n'en descend.
Il y a maintenant 74 élèves dans l'autobus.
Combien d'élèves y avait-il dans l'autobus avant le premier arrêt?

c) Régine va à la banque et retire 1387 $. Il reste maintenant 678 $ dans son compte.
Combien d'argent avait-elle dans son compte avant le retrait?

La meilleure solution

Résous chaque problème.
Laisse des traces de ta démarche.

a) L'an dernier, il y avait 78 maisons
dans la rue Malo. Cette année,
il y en a 133.
Combien de nouvelles
maisons ont été construites
depuis un an?

b) Jeudi, Luc avait 530 pots de peinture dans son magasin.
Aujourd'hui, il lui en reste 284.
Combien de pots de peinture Luc a-t-il vendus depuis jeudi?

c) La bibliothèque a 1290 romans dans sa collection.
Il y a présentement 687 romans sur les rayons.
Combien de romans ont été prêtés?

d) Chaque jour, Jade parcourt 92 km de la maison à son bureau.
Ce matin, elle arrête au garage à 34 km de son bureau.
Combien de kilomètres avait-elle déjà parcourus?

e) Ce soir, Justin lit 255 pages de son roman. Il est rendu à la page 789.
À quelle page était-il rendu dans sa lecture avant ce soir?

f) Sylvie a fabriqué des marionnettes.
Au Salon des métiers d'art,
elle en a vendu 521.
Il lui en reste 126.
Combien de marionnettes
Sylvie avait-elle
fabriquées?

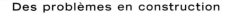

Sur le chantier

Pour construire un édifice, un pont ou toute autre structure, on a besoin d'architectes et d'ingénieurs.

Je suis architecte.
Je conçois et je dessine différentes structures.
J'utilise mes connaissances pour réaliser des formes qui sont à la fois belles et solides.

Je suis ingénieure.
Je réalise différentes structures de manière qu'elles soient solides et durables.
Je connais bien les différents matériaux nécessaires à leur construction.

Ton projet

Tu devras construire un pont en utilisant certains matériaux. Ton pont devra avoir une longueur suffisante pour permettre de franchir un vide de 40 cm. Sa largeur ne devra pas dépasser 15 cm.

Ton pont devra aussi pouvoir supporter un petit dictionnaire posé en son centre.

Pour y arriver, tu devras:

- observer et expérimenter l'effet de certaines forces sur différents matériaux;

- tester la résistance de différentes formes de piliers et de poutres;

- tester la solidité de différents ponts ayant la forme d'arches.

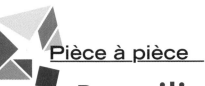

Des piliers et des poutres

Toutes les constructions ont une charpente. Les piliers sont les supports verticaux de cette charpente. Les poutres en sont les supports horizontaux.

Dans le feu de l'action

Les piliers et les poutres ont la forme de solides géométriques. Teste la résistance de chacun des solides suivants.

| Cylindre | Prisme à base carrée | Prisme à base rectangulaire | Prisme à base triangulaire |

Les piliers

1° Place un solide à la verticale sur ton pupitre. Dépose un livre sur la face supérieure du solide.

2° Ajoute graduellement des livres sur le solide jusqu'à ce qu'il cède. Utilise des livres identiques. Note le nombre maximal de livres que le solide peut supporter.

3° Recommence la démarche avec les autres solides.

Les poutres

1° Fais tenir un des solides entre 2 pupitres, en l'appuyant par ses extrémités.

2° Fabrique une pesée en attachant une ficelle à deux des côtés du fond d'une boîte de lait.

3° Suspends la pesée au centre du solide.

4° Dépose une à une, dans la pesée, des billes de même masse, jusqu'à ce que le solide cède.

5° Note le nombre maximal de billes que le solide peut supporter.

6° Recommence la démarche avec les autres solides.

Clin d'Œil

Rien n'arrête les fourmis légionnaires. Lorsqu'elles rencontrent un cours d'eau, un certain nombre d'entre elles se tiennent par les pattes pour former un pont.

1 Associe les descriptions aux solides correspondants.

Descriptions

- Prisme
- Convexe
- Base qui a au moins 2 côtés congrus

- Pyramide
- Concave
- 13 sommets

- Pyramide
- 4 faces
- Convexe

- Prisme
- Concave
- 30 arêtes

Solides

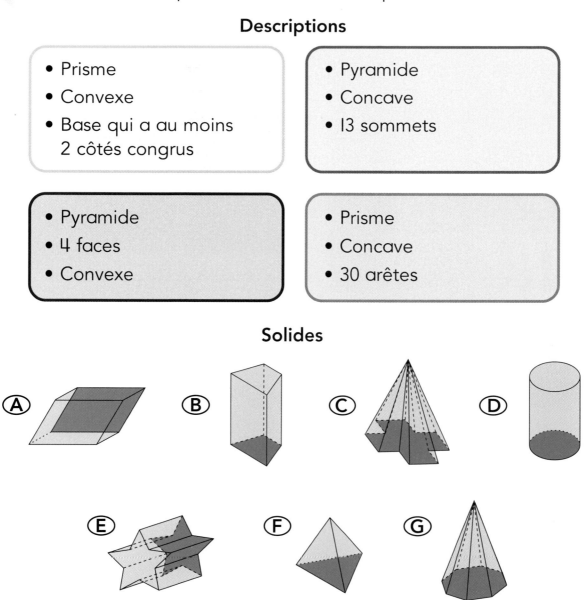

Ⓐ Ⓑ Ⓒ Ⓓ

Ⓔ Ⓕ Ⓖ

2 On coupe 4 des solides du numéro 1. Dans chaque cas, on peut obtenir 1 rectangle.
De quels solides s'agit-il?

3 Si on coupe certains solides du numéro 1, on peut obtenir 1 triangle. De quels solides s'agit-il?

4 À quel grand ensemble tous les solides du numéro 1, sauf un, appartiennent-ils?

Tangram

À chacun son pont

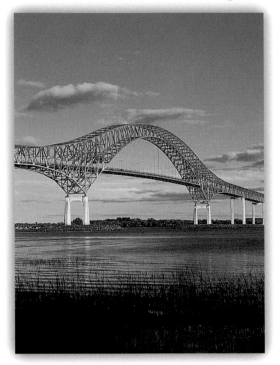

Le pont Laviolette, à Trois-Rivières

Le pont Lewiston, à Queenston, en Ontario

Le pont Jacques-Cartier, à Montréal

1 Choisis un de ces ponts.
Explique pourquoi il est solide. Utilise tes connaissances
en mathématique, en science et en technologie.

2 Relis la page 112 de ton manuel *Tangram*.

a) Construis un pont. Utilise le matériel qu'on te remettra.

b) Compare ton pont avec celui de tes camarades.

c) Décris ton pont en utilisant le langage mathématique
et scientifique.

d) Teste la résistance de ton pont en plaçant
un petit dictionnaire au centre.

Des problèmes ?

1 Trouve les nombres qui vont dans les cases bleues.

- Les 4 nombres sont différents.
- L'addition des nombres d'une rangée donne la somme indiquée à droite.
- L'addition des nombres d'une colonne donne la somme indiquée en dessous.

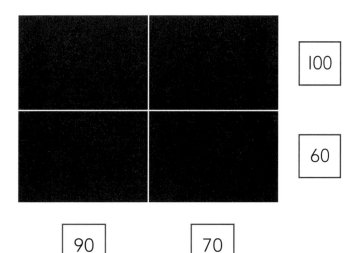

		100
		60
90	70	

2 Simone a 8 boîtes vertes et 4 boîtes orange. Elle répartit 44 cubes dans ses 12 boîtes. Les boîtes de la même couleur contiennent le même nombre de cubes.

a) Combien de cubes y a-t-il :
- dans chaque boîte verte ?
- dans chaque boîte orange ?

b) Trouve 2 autres façons de répartir les cubes.

Un décodage réussi

Choisis 2 problèmes. Trouve leur solution.
Laisse des traces de ta démarche.

Les 28 élèves de Marie-Claude construisent des tours à l'aide de guimauves, de bâtonnets et d'assiettes de carton. Ils se regroupent en équipe de 4.

1 Chaque équipe reçoit la moitié d'un sac de guimauves. Un sac de guimauves contient 160 guimauves. Combien de sacs Marie-Claude a-t-elle achetés pour la classe?

2 Chaque élève reçoit 15 bâtonnets. Chaque équipe reçoit 60 bâtonnets. Combien de bâtonnets la classe utilise-t-elle en tout?

3 Les assiettes de carton sont vendues par paquets. Marie-Claude a acheté un paquet d'assiettes de carton. Chaque équipe utilise une assiette. Combien d'assiettes reste-t-il?

4 Dans la classe de Luc, il y a 2 élèves de plus que dans la classe de Marie-Claude. Est-ce qu'il faudra plus de sacs de guimauves qu'au numéro 1? Explique ta réponse.

5 Marie-Claude présente l'une des tours construites par ses élèves. Elle place cette tour sur une assiette de carton de couleur. Elle a le choix entre 7 tours différentes et des assiettes de 3 couleurs différentes. Combien de présentations différentes Marie-Claude pourrait-elle faire?

6 Observe le tableau, puis réponds aux questions.

Quantité de guimauves utilisées par chaque équipe

Équipes	Quantité de guimauves utilisées
Daniel	76
Vincent	3 de plus que l'équipe de Jérémie
Claire	74
Jérémie	70
Laurent	4 de moins que l'équipe d'Ariane
Ariane	80
Daphné	77

- Si on additionne les quantités de guimauves utilisées par deux équipes, on obtient une somme.

- Si on additionne les quantités de guimauves utilisées par deux autres équipes, on obtient la même somme.

- Si on additionne les quantités de guimauves utilisées par deux autres équipes, on obtient à nouveau la même somme.

a) De quelle somme s'agit-il ?

b) Indique quelles équipes il faut jumeler pour obtenir cette somme.

Un éventail de problèmes

Pour bien comprendre

 Choisis 2 problèmes.
Trouve leur solution.
Laisse des traces de ta démarche.

1 Un édifice compte 15 étages.
Les étages portant un numéro pair
ont 12 fenêtres chacun.
Les étages portant un numéro impair
ont chacun 4 fenêtres de plus
que les autres.
Combien de fenêtres
y a-t-il dans cet édifice?

2 Un édifice a 18 fenêtres par étage. Il y a entre 850 et 900 fenêtres
en tout dans cet édifice. Il n'y a pas de fenêtres au rez-de-chaussée.
Combien d'étages cet édifice peut-il avoir?

3 Un édifice a 186 fenêtres. Chacun de ses 6 étages compte
le même nombre de fenêtres.
Combien de fenêtres y a-t-il par étage?

4 Une personne lave 20 fenêtres en 1 heure.
Elle travaille 8 heures par jour.
Combien de jours cette personne devra-t-elle
travailler pour laver 300 fenêtres?

5 Un édifice compte 24 fenêtres par étage. Le soir, il y a 1 fenêtre
qui est éclairée pour 3 fenêtres non éclairées.
Combien de fenêtres sont éclairées par étage?

Une solution à trouver

 Résous les problèmes suivants.
Laisse des traces de ta démarche.

1 Annie a 43 trombones. Jonathan a 4 trombones
de moins qu'Annie. Noémie a 4 trombones
de plus que François. François a 49 trombones.

a) Combien de trombones Annie et Noémie ont-elles ensemble?

b) Qui a le plus de trombones: les filles ou les garçons?
Explique ta réponse.

2 Trouve les chiffres manquants dans les nombres.
Pour chaque opération, trouve 3 solutions différentes.

a) 3■3 + 2■5 = 588

b) 4■36 + 10■6 = 55■2

c) 7■8 − 4■1 = 2■7

d) 142■ − 62■ = 79■

3 Maya prépare une affiche.
Sur son affiche, elle place 1 photo
d'un édifice et 1 information.
Elle a 9 photos différentes
et 12 informations différentes.
Combien d'affiches différentes
Maya pourrait-elle réaliser?

4 La somme de 3 nombres est 542.
Un de ces nombres est 110.
Un autre nombre est 3 fois plus grand que 110.
Quel est le 3e nombre?

5 Il y a 27 élèves dans une classe. Chaque élève doit participer à 7 activités différentes. Chaque activité dure 15 minutes. Il y a 3 activités de mathématique, 3 de français et 1 d'arts plastiques. Les élèves ont-ils assez de 100 minutes pour réaliser les 7 activités? Explique ta réponse.

6 Manon veut préparer un sandwich. Elle veut le composer d'un élément de chaque groupe d'aliments suivants.

1er groupe	2e groupe	3e groupe
• Poulet	• Tomates	• Mayonnaise
• Jambon	• Laitue	• Moutarde
• Œufs	• Cornichons	

Combien de sandwichs différents Manon peut-elle préparer?

7 Sara partage 300 bâtonnets avec les 3 autres membres de son équipe. Combien de bâtonnets chaque membre de l'équipe recevra-t-il?

8 Myriam, Charlotte et William tirent à tour de rôle 2 cartes chacun parmi les cartes suivantes. Chaque carte ne peut être tirée qu'une seule fois.

| 7 | 10 | 6 | 8 | 9 | 5 | 4 | 11 |

- Myriam obtient un total de 14.
- Charlotte obtient un total de 16.
- William obtient un total de 18.

Quelles cartes Myriam, Charlotte et William ont-ils tirées?

Une vérification importante

Résous les problèmes suivants.
Laisse des traces de ta démarche.

1 À l'école L'Aquarelle,
il y a 156 élèves au 2ᵉ cycle.

- 58 élèves ont les cheveux châtains.

- 27 élèves portent des lunettes.

- 66 élèves n'ont ni les cheveux blonds
  ni les cheveux châtains.

- 78 élèves sont des garçons.

Combien d'élèves ont les cheveux blonds?

2 Il y a 252 élèves qui dînent dans la cafétéria. On peut asseoir
12 élèves par table. À chaque table, toutes les places sont
occupées. Antoine dit qu'il y a 21 tables dans la cafétéria.
Nicolas dit qu'il y en a 22.
Qui a raison? Explique ta réponse.

3 Dans la classe de Michèle, il y a 7 équipes.
Chaque équipe est composée de 4 élèves.
Il y a 3 équipes qui ont terminé leur travail.
Combien d'élèves n'ont pas terminé leur travail?

4 Guillaume et Vincent veulent construire une tour de 750 cubes.
Guillaume a placé 361 cubes. Vincent dit qu'il doit en placer
44 de plus que Guillaume pour compléter la tour.
Vincent a-t-il raison? Explique ta réponse.

5 L'équipe de Marilou a amassé 1435 attaches à pain.
L'équipe de Daniel en a amassé 2904.
Combien d'attaches à pain l'équipe de Daniel a-t-elle amassées
de plus que celle de Marilou?

Une façon de le raconter

1 À l'école de La Source, il y a 586 élèves.
Parmi eux, il y a 279 garçons.
Il y a 137 garçons qui ont
des chaussures de sport.
Il y a 172 filles qui n'ont pas
de chaussures de sport.
Félix dit qu'il y a plus de filles
que de garçons qui ont
des chaussures de sport.
A-t-il raison ? Explique ta réponse.

2 Associe une solution à la situation.
Explique ton choix.

a) Quatre amis construisent
des maisons avec des cubes.
Ils possèdent 9800 cubes.
Il y a 1750 cubes rouges
et 1835 cubes bleus.
Le reste se compose
de cubes jaunes
et de cubes gris.

- Lundi, ils utilisent
  1450 cubes.

- Mardi, ils en utilisent
  le double.

- Mercredi, ils utilisent
  2500 cubes.

- Vendredi, ils en utilisent
  autant que mercredi.

Les 4 amis ont-ils utilisé
tous leurs cubes ?
Explique ta réponse.

Solution 1

9800 − 1750 = 8050
8050 − 1835 = 6215
Il y a 6215 cubes jaunes ou gris.

Solution 2

Réponse : Non.
1450 + 2900 + 2500 + 2500 = 9350
9350 < 9800

1450 + 1450 = 2900

Solution 3

1750 + 1835 + 1450 + 2500 = 7535
7535 < 9800
Les garçons n'ont pas utilisé
tous leurs cubes.

b) Quatre amies fabriquent des bracelets et des colliers. Pour chaque bracelet, elles utilisent 7 perles. Pour chaque collier, elles en utilisent 15.

- Sarah a fabriqué 3 colliers et 6 bracelets.
- Charlotte a fabriqué 8 colliers et 2 bracelets.
- Juliette a fabriqué 7 colliers et 5 bracelets.
- Élisabeth a fabriqué 2 colliers et 9 bracelets.

Charlotte dit que c'est elle qui a utilisé le plus de perles. A-t-elle raison ? Explique ta réponse.

Solution 1

Non, c'est Juliette, car 10 < 12.

$$8 + 2 = 10 \qquad 9 + 2 = 11$$
$$7 + 5 = 12 \qquad 3 + 6 = 9$$

Solution 2

Oui, car c'est elle qui a fabriqué le plus de colliers.

Solution 3

Non, c'est Juliette, car 134 < 140.

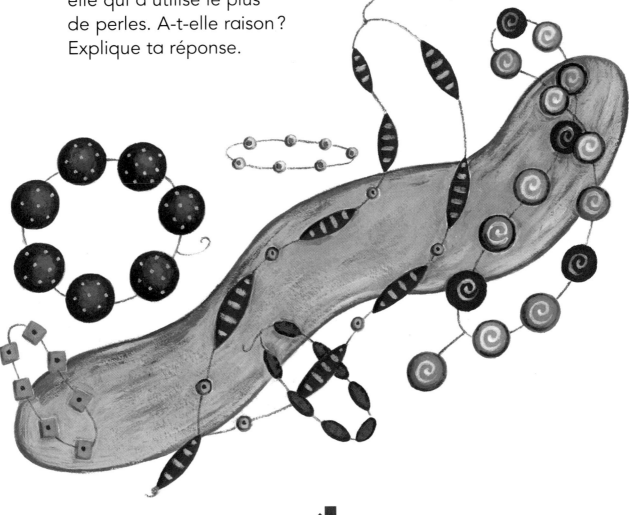

Un éventail de problèmes

Tangram

Sans problème

Choisis 2 problèmes. Trouve leur solution.
Laisse des traces de ta démarche.

1 Des élèves ont amassé 730 canettes. Ils les placent dans des boîtes.
Les boîtes de même forme doivent contenir un nombre égal de canettes.
Chaque boîte contient au moins 100 canettes.
Indique le nombre de canettes que les élèves devront placer
dans chaque boîte.

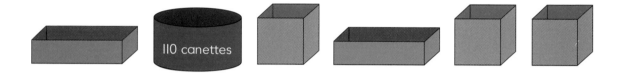

110 canettes

2 Le 1er juin, Félix aura 3244 jours. Il dit qu'il aura presque 9 ans.
A-t-il raison ? Explique ta réponse.

3 Claudel, Roseline et Philippe achètent des lettres pour écrire
leurs prénoms. Le prix des voyelles est différent de celui
des consonnes. Voici la somme que chacun a déboursée :

- Claudel : 10 $.   • Philippe : 11 $.   • Roseline : 12 $.

Combien coûte une voyelle ? une consonne ?

4 À l'école le Sentier, 120 élèves
se groupent en équipe de 4.
Chaque équipe présente
un spectacle. La présentation
d'un spectacle dure 15 minutes.
Claudine dit que les présentations
dureront plus de 8 heures.
A-t-elle raison ? Explique ta réponse.

1 Voici des équations.

a) Remplace chaque équation par une équation équivalente.
Utilise les opérateurs + 10 ou – 10 .
Trouve mentalement le résultat.

a) $34 - 9 = $ ■ b) $14 - 8 = $ ■ c) $27 - 9 = $ ■

d) $76 - 9 = $ ■ e) $461 - 9 = $ ■ f) $222 - 8 = $ ■

g) $868 - 8 = $ ■ h) $842 - 8 = $ ■ i) $329 - 9 = $ ■

j) $173 - 8 = $ ■ k) $295 - 9 = $ ■ l) $649 - 9 = $ ■

m) $27 + 8 = $ ■ n) $61 + 9 = $ ■ o) $33 + 8 = $ ■

p) $49 + 8 = $ ■ q) $155 + 9 = $ ■ r) $408 + 9 = $ ■

b) Pour 3 des soustractions ci-dessus, il est inutile de trouver
une équation équivalente. Indique lesquelles.

2 Associe chaque nombre de l'ensemble jaune à un ou plusieurs
nombres de l'ensemble bleu. Justifie ton choix.

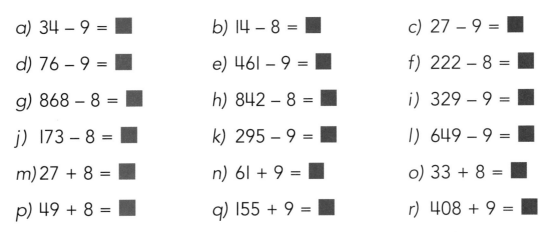

3 On associe les nombres 8, 2 et 4
à la représentation ci-contre :
Associe des nombres à chacune des représentations suivantes.

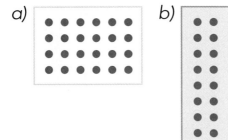

Du bout des doigts

1 Utilise la touche ⌧ pour trouver chaque nombre.
Note les opérations que tu as effectuées.

a) Le nombre de carrés qu'il y a sur une feuille de papier quadrillé.

b) Le nombre de lignes qu'il y a dans un de tes cahiers.

c) Le nombre de jours qu'il y a dans 12 semaines.

d) Le nombre d'heures qu'il y a dans une semaine.

e) Le nombre de minutes qu'il y a dans une journée.

2 Sur quelles touches devrais-tu appuyer pour résoudre les équations suivantes le plus rapidement possible? Note les opérations que tu as effectuées.

a) 75 + 75 + 75 + 75 + 75 + 75 + 75 + 75 + 75 = ■

b) 157 + 157 + 157 + 157 + 157 = ■

c) 12 + 12 + 12 + 12 + 12 + 12 + 12 + 12 + 12 + 12 + 12 = ■

3 Effectue les opérations suivantes.

| 1 x 82 et 82 x 1 | 0 x 99 et 99 x 0 |

a) Que remarques-tu?

b) D'après toi, quelles réponses obtiendrais-tu si tu effectuais les opérations suivantes?

- 29 x 1
- 1000 x 1
- 75 x 0
- 22 345 x 0
- 27 491 x 1
- 0 x 345

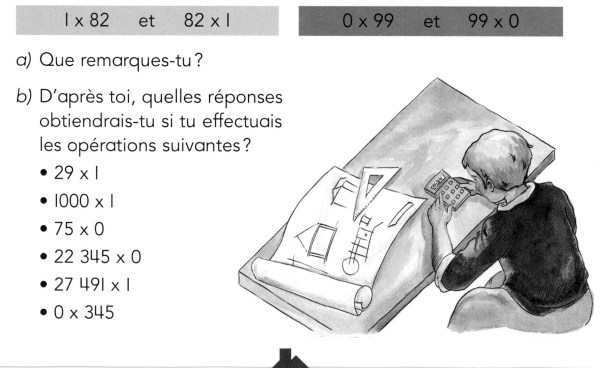

1 Voici ce que Francis fait à son retour de l'école, le mardi.

- De **15:15** à **15:25** : collation

- De **15:25** à **16:10** : devoirs et leçons

- De **16:30** à **17:15** : cours de guitare

- De **17:40** à **18:30** : repas

- De **18:30** à **20:50** : loisirs

a) Indique la durée de chaque activité.
Utilise une horloge pour t'aider.

b) Ton emploi du temps au retour de l'école ressemble-t-il à celui
de Francis? Explique ta réponse.

2 Léa, Ève et Ling doivent se rencontrer au cinéma à 12 h 30 min.
Elles veulent voir le film qui commence à 12 h 45 min
et se termine à 14 h.

- Léa quitte la maison à 10 h 30 min. Elle prend 15 min
pour se rendre à un cours qui dure 75 min. Elle marche
pendant 20 min pour rejoindre ses amies au cinéma.

- Ève part de chez elle à 11 h 40 min. Elle marche pendant 5 min
et entre dans une librairie. Elle y passe 15 min. Elle arrive
au cinéma 45 min plus tard.

- Ling sort de chez elle à 11 h 45 min. Elle met une demi-heure
pour se rendre au cinéma. En partant de chez elle, elle arrête
chez sa voisine pendant 15 min.

a) Qui arrive au rendez-vous à l'avance? juste à temps?
en retard?

b) À quelle heure celle qui est en retard aurait-elle dû partir
pour arriver à temps?

À la manière des Grecs

Environ 500 ans av. J.-C., les Grecs utilisaient les symboles ci-dessous pour écrire les nombres. Ces symboles étaient différents de ceux qu'on utilise aujourd'hui.

I valait I	Γ valait 5	Δ valait I0
H valait I00	X valait I000	M valait I0 000

À cette époque, les Grecs auraient écrit les nombres suivants de cette manière :

4 : I I I I

48 : Δ Δ Δ Δ Γ I I I

I29 : H Δ Δ Γ I I I I

I093 : X Δ Δ Δ Δ Δ Δ Δ Δ Δ I I I

Bien des années plus tard, pour réduire la quantité de symboles à utiliser, les Grecs ont créé de nouveaux symboles :

- 5 groupes de I0 s'écrivait ⌐Δ⌐ et ;
- 5 groupes de I00 s'écrivait ⌐H⌐.

Ils auraient écrit les nombres suivants de cette manière :

I7I : H ⌐Δ⌐ Δ Δ I

5028 : ⌐X⌐ Δ Δ Γ I I I

À la manière des Romains

Vers l'an 300 av. J.-C., les Romains utilisaient des symboles différents de ceux des Grecs pour écrire des nombres.

I valait 1	V valait 5
X valait 10	L valait 50
C valait 100	D valait 500
M valait 1000	

À cette époque, les Romains auraient écrit les nombres suivants de cette manière :

4 : IIII

48 : XXXXVIII

129 : CXXVIIII

1093 : MLXXXXIII

Bien des années plus tard, les Romains ont voulu réduire la quantité de symboles à utiliser. Pour éviter d'écrire quatre fois le même symbole, ils ont décidé de placer le I devant le V, ce qui signifiait 1 de moins que 5, donc 4. De la même manière, 40 est devenu 10 de moins que 50, donc XL, et 90, 10 de moins que 100, donc XC.

Les Romains auraient écrit les nombres suivants de cette manière :

4 : IV

48 : XL VIII

129 : CXX IX

1093 : M XC III

Selon toi, comment les Romains auraient-ils écrit 900 ?

1 Écris le nombre 1552 à la manière des Grecs.

   a) Utilise les symboles de l'encadré jaune
   de la page 130.

   b) Utilise les symboles que les Grecs ont créés par la suite.

2 Écris les nombres qui correspondent à :
   • ton année de naissance ;
   • ton adresse ;
   • l'année qui précédait immédiatement
   l'an 2000.

   a) Utilise les symboles de l'encadré bleu
   de la page 131.

   b) Utilise les symboles que les Romains ont créés
   par la suite.

3 Dans chaque cas, écris les nombres
qui sont représentés.

   a) LVII   *b)* CDXXI   *c)* MDCCCXXXV   *d)* DXC

4 Dans chaque cas, écris le nombre en chiffres romains.

   a) 148   *b)* 952   *c)* 555   *d)* 1410   *e)* 999

5 On utilise parfois les chiffres romains pour écrire
le siècle où un événement a eu lieu.
Trouve dans ton milieu 2 exemples d'utilisation
des chiffres romains.

Un mathématicien célèbre : Platon

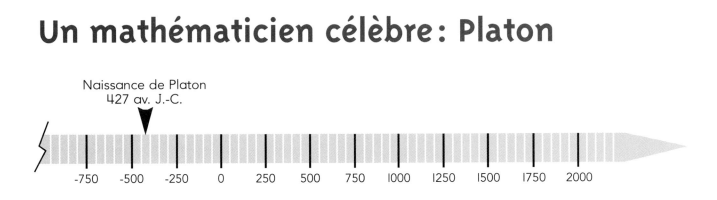

Naissance de Platon
427 av. J.-C.

-750 -500 -250 0 250 500 750 1000 1250 1500 1750 2000

Le philosophe Platon est né à Athènes en 427 av. J.-C.
Sa famille était riche et noble.

Il a voyagé beaucoup, puis est revenu s'installer
dans sa ville natale où il a fondé l'Académie.
L'Académie était une école de philosophie,
mais aussi d'astronomie, de biologie, de gymnastique
et de mathématique. Platon y enseigna jusqu'à la fin de sa vie,
en 347 av. J.-C. Il avait alors 80 ans.

L'Académie,
école fondée
par Platon
à Athènes
vers 387
av. J.-C.

Comme autrefois

Platon enseignant
la géométrie
à ses élèves.
(Mosaïque provenant
d'une villa italienne.)

Platon a été le maître d'Aristote. Son école a joué un rôle déterminant pour le développement de la mathématique. Platon est l'un des premiers à avoir observé les solides et à avoir décrit leurs caractéristiques. Il a étudié particulièrement les polyèdres convexes réguliers qui sont connus aujourd'hui sous le nom de «solides de Platon».

Observe ces solides. Qu'ont-ils en commun?

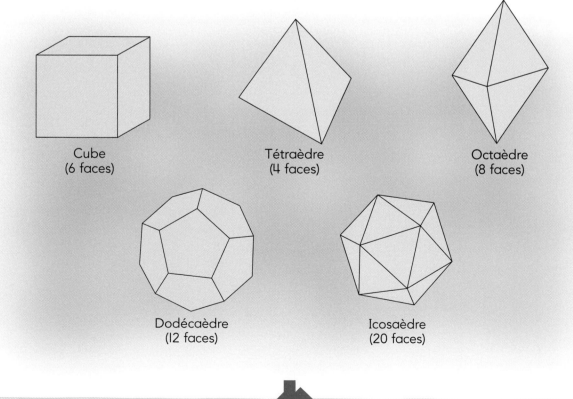

Cube
(6 faces)

Tétraèdre
(4 faces)

Octaèdre
(8 faces)

Dodécaèdre
(12 faces)

Icosaèdre
(20 faces)

Approximation	Valeur proche d'un nombre donné ou du résultat d'une opération. *Exemples:*

- Il y avait près de 30 personnes.
- Pour calculer approximativement 137 + 204, on pourrait faire 140 + 200 = 340.
  Le nombre 340 est une approximation de 137 + 204.

Arête	Ce qui délimite la rencontre de deux faces. Dans un polyèdre, les arêtes sont toujours droites. Dans un solide, elles peuvent aussi être courbes.

Base	Voici les caractéristiques qui permettent de reconnaître la base d'un solide:

- La base d'un prisme rectangulaire est la face sur laquelle le prisme repose. *Exemples:*

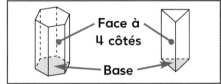

- La base d'un prisme non rectangulaire est l'une des deux faces qui n'ont pas quatre côtés. *Exemples:*

- La base d'une pyramide est la face qui ne passe pas par le point de rencontre des autres faces. *Exemple:*

- La base d'un cône est la partie plane de sa surface. *Exemple:*

Boule	Solide de la famille des corps ronds. Sa surface est entièrement courbe. *Exemple:*

Centimètre Unité de mesure de longueur du système international d'unités. Le symbole est «cm».

⊢——⊣ : 1 cm

100 cm = 1 m
10 cm = 1 dm
1 cm = 10 mm

Chiffre Symbole utilisé pour écrire des nombres. Les chiffres 0, 1, 2, 3, 4, 5, 6, 7, 8 et 9 sont les dix symboles de notre système de numération. *Exemples:*
- Le nombre 15 s'écrit à l'aide des chiffres 1 et 5.
- Le nombre 4 s'écrit à l'aide du chiffre 4.

p. 100

Concave Propriété d'une figure plane ou d'un solide. Une figure plane ou un solide est concave si, en joignant deux points de la frontière ou de la surface, on trouve au moins une ligne droite qui soit totalement ou en partie à l'extérieur de la figure ou du solide. Contraire de convexe. *Exemples:*

Figures planes concaves   **Solide concave**

Cône Solide de la famille des corps ronds. Il possède une surface courbe et une base qui peut être circulaire ou non. *Exemples:*

Congru Deux côtés sont congrus ou deux angles sont congrus si leurs mesures sont égales.

p. 100

Convexe Propriété d'une figure plane ou d'un solide. Une figure plane ou un solide est convexe si en joignant deux points de la frontière ou de la surface, on ne trouve pas de ligne droite qui soit à l'extérieur de la figure ou du solide. Contraire de concave. *Exemples:*

Figures planes convexes   **Solide convexe**

Corps rond Solide dont une partie de la surface ou toute la surface est courbe. *Exemples:*

Côté Segment de droite qui compose un polygone. *Exemple:*

Le carré a quatre côtés de même longueur.

Croissant (ordre) Façon de placer les nombres ou les objets du plus petit au plus grand, en commençant par la gauche. *Exemples :*

2, 6, 10, 15

Décimètre Unité de mesure de longueur du système international d'unités. Le symbole est « dm ».

10 dm = 1 m
1 dm = 10 cm
1 dm = 100 mm

| : 1 dm

| : 1 cm

Décroissant (ordre) Façon de placer les nombres ou les objets du plus grand au plus petit, en commençant par la gauche. *Exemples :*

15, 10, 6, 2

Développement Façon de présenter à plat toutes les faces d'un polyèdre de manière à ce qu'au moins deux faces se touchent. *Exemples :* Quelques développements du cube.

Différence Résultat d'une soustraction de deux nombres.

Dizaine de mille Cinquième position dans un nombre. Aussi, quatrième groupement fait en suivant la règle de 10.

1 dizaine de mille = 10 000 unités
1 dizaine de mille =   1000 dizaines
1 dizaine de mille =   100 centaines
1 dizaine de mille =   10 unités de mille

p. 88

Égalité Relation entre deux expressions mathématiques qui représentent le même nombre. Le symbole d'égalité est $=$.

Équation Égalité présentant au moins un terme manquant. *Exemples :*

$\blacksquare + 6 = 10$ $7 + 8 = \blacksquare$ $15 - \blacksquare = 5$

Face Chacun des polygones qui délimitent un polyèdre. *Exemple:*

> Une pyramide à base carrée a quatre faces triangulaires et une face carrée.

Inégalité Relation entre deux expressions mathématiques qui ne représentent pas le même nombre. Les symboles d'inégalité sont $<$ et $>$.

Mètre Unité de mesure de longueur du système international d'unités. Le symbole est «m».

> 1 m = 1000 mm
> 1 m = 100 cm
> 1 m =   10 dm

Millimètre Unité de mesure de longueur du système international d'unités. Le symbole est «mm».

> 1000 mm = 1m
> 100 mm = 1 dm
> 10 mm = 1 cm

: 1 dm

: 1 cm

: 1 mm

p. 106

Multiple Un multiple d'un nombre s'obtient en multipliant ce nombre par un autre nombre naturel.
Exemples: 12 est un multiple de 4, car 4 x 3 = 12.
32 est un multiple de 4, car 4 x 8 = 32.

Multiplication Opération entre deux nombres.
Le symbole de la multiplication est $\times$.
Le résultat d'une multiplication est appelé «produit».

Nombre carré Nombre qu'on peut représenter par un carré.
La suite des nombres carrés est 1, 4, 9, 16, 25…
Exemple: 9 est un nombre carré. ● ● ●
● ● ●
● ● ●

Opérateur Regroupement d'un symbole d'opération et d'un nombre qui indique ce qu'il faut faire subir à un premier nombre pour obtenir le résultat de l'opération. *Exemple:*

+ 6

5   11

+ 6 est l'opérateur.
Le résultat est 11.

Polyèdre

Solide géométrique dont toutes les faces sont planes.
Un polyèdre est régulier si toutes les faces sont identiques.
Exemples :

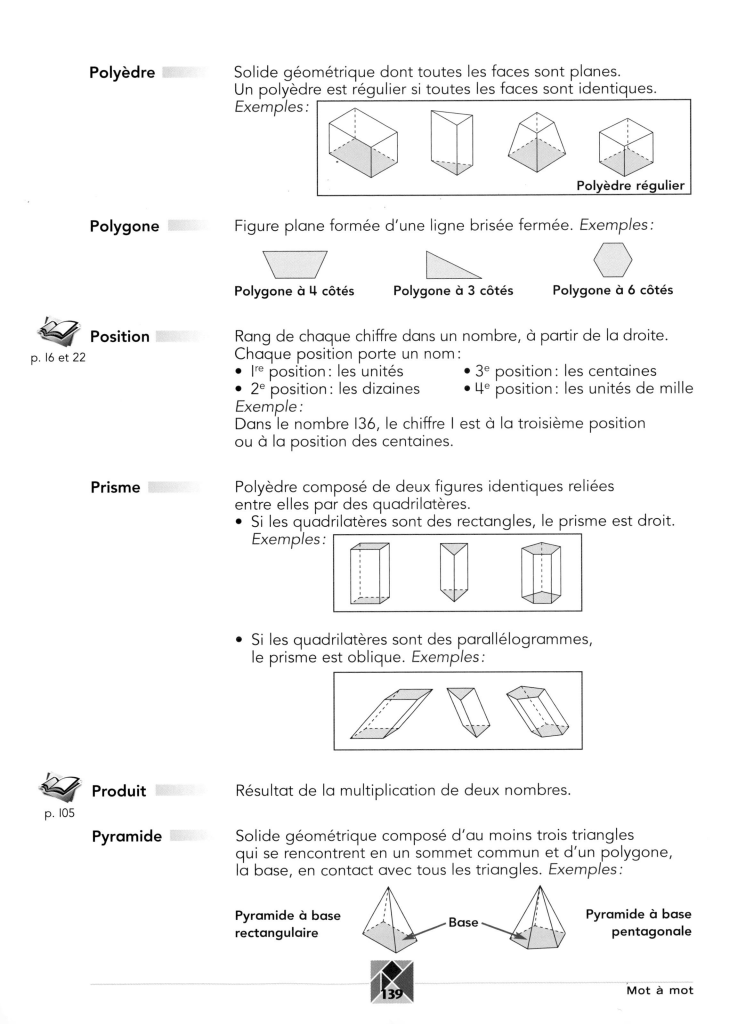

Polyèdre régulier

Polygone

Figure plane formée d'une ligne brisée fermée. *Exemples :*

Polygone à 4 côtés　　**Polygone à 3 côtés**　　**Polygone à 6 côtés**

Position

p. 16 et 22

Rang de chaque chiffre dans un nombre, à partir de la droite.
Chaque position porte un nom :
- 1re position : les unités
- 2e position : les dizaines
- 3e position : les centaines
- 4e position : les unités de mille

Exemple :
Dans le nombre 136, le chiffre 1 est à la troisième position
ou à la position des centaines.

Prisme

Polyèdre composé de deux figures identiques reliées
entre elles par des quadrilatères.
- Si les quadrilatères sont des rectangles, le prisme est droit.
  Exemples :

- Si les quadrilatères sont des parallélogrammes,
  le prisme est oblique. *Exemples :*

Produit

p. 105

Résultat de la multiplication de deux nombres.

Pyramide

Solide géométrique composé d'au moins trois triangles
qui se rencontrent en un sommet commun et d'un polygone,
la base, en contact avec tous les triangles. *Exemples :*

Pyramide à base rectangulaire　　Base　　**Pyramide à base pentagonale**

| **Quadrilatère** | Polygone à quatre côtés. *Exemples:* |

Carré   Rectangle   Losange

Solide   Objet réel à trois dimensions.

Somme   Résultat d'une addition de deux ou de plusieurs nombres.

Sommet   Dans un polygone, point de rencontre de deux côtés. Dans un solide, point de rencontre de deux ou de plusieurs arêtes.

Sphère   Enveloppe extérieure de la boule.

Terme   Chacun des nombres d'une addition ou d'une soustraction. *Exemples:*

$5 + 2 = 7$ ⟵ Somme
Termes

$5 - 2 = 3$ ⟵ Différence
Termes

Terme manquant   Nombre qu'il faut trouver dans une équation pour la transformer en une égalité.
Exemple: Dans l'équation $12 = \blacksquare + 4$, le terme manquant est 8, puisque $12 = 8 + 4$

p. 23 et 88

Unité de mille   Quatrième position dans un nombre. Aussi, troisième groupement fait en suivant la règle de 10.

1 unité de mille = 1000 unités
1 unité de mille = 100 dizaines
1 unité de mille = 10 centaines

p. 18 et 20

Valeur de position   Valeur d'un chiffre dans un nombre selon la position qu'il occupe dans ce nombre. Plus le chiffre occupe une position élevée, plus sa valeur est grande. *Exemples:*

Nombre	Valeur du chiffre 5	Valeur du chiffre 8	Valeur du chiffre 2	Décomposition du nombre selon la valeur de position
582	500	80	2	$582 = 500 + 80 + 2$
825	5	800	20	$825 = 800 + 20 + 5$

Table des matières

La nature

L'architecture

La nature

Il faut une fleur pour faire un monde

Pour faire une maison il faut du bois,
Et pour trouver ce bois il faut un arbre,
Pour faire cet arbre il a fallu qu'on sème,
sème une graine vivante et belle.
Pour faire la graine il a fallu que pousse
la fleur si douce, la fleur si douce.
Il a fallu une fleur pour faire le monde.

P. POLLONI
Tiré de Il faut une fleur pour faire un monde.

B1

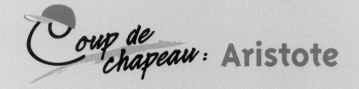

Coup de chapeau : Aristote

Naissance d'Aristote
384 av. J.-C.

Naissance du
frère Marie-Victorin
1885

-400 -200 0 200 400 600 800 1000 1200 1400 1600 1800 2000

Aristote est né en Grèce,
en 384 av. J.-C., donc il y a plus
de 2300 ans. C'était un philosophe,
un penseur. Il essayait
de comprendre le monde
en se posant des questions.

À l'âge de 17 ans,
Aristote est entré
dans une école
célèbre, l'Académie.
C'était un élève brillant.
On le surnommait
« le lecteur » ou
« l'intelligence ».

Aristote disait : « Il n'est
pas suffisant de savoir
si une chose est vraie,
il faut le démontrer. »
Après 20 ans d'étude,
il a quitté l'Académie pour
aller observer la nature.
Contrairement aux autres
scientifiques de l'époque,
il n'avait pas peur
de se salir les mains.
Il a effectué des expériences
et a identifié les parties de
plusieurs espèces animales.

Il a noté toutes ses observations
et il a publié plusieurs livres.
Dans ces livres, il a essayé
de regrouper les animaux
selon leurs caractéristiques.

J'ai observé qu'il y a seulement une reine dans chaque ruche.

Pour moi, l'intelligence réside dans le cœur et non dans le cerveau.

J'ai noté que certains animaux ont de longues pattes pour pouvoir courir vite. J'en ai déduit que les organes sont conçus pour accomplir des tâches spéciales.

Aristote s'est parfois trompé dans ses déductions.
Mais sa façon d'étudier la nature et d'aborder des problèmes a influencé plusieurs grands scientifiques.

Sur les traces d'Aristote

Le frère Marie-Victorin est né au Québec en 1885.
Il laisse temporairement l'enseignement,
à l'âge de 19 ans, pour des raisons de santé.

Le frère Marie-Victorin s'intéresse alors à l'étude
de la nature, principalement à celle des végétaux.
En 1935, il publie *La flore laurentienne*, un livre
important qui recense les plantes du Québec.
Ce livre est encore beaucoup utilisé aujourd'hui.
Le frère Marie-Victorin a fondé
le Jardin botanique de Montréal.

Le frère
Marie-Victorin
à son bureau
à l'Université
de Montréal.

Comment les graines se forment-elles ?

Chez les plantes à fleurs, on trouve les graines dans les fruits.
Les fruits se forment à la suite de la pollinisation
et de la fécondation de la fleur.

Qu'est-ce que la pollinisation ? C'est le transport du pollen
de l'élément mâle de la fleur vers l'élément femelle.
L'élément mâle s'appelle « l'étamine », l'élément femelle, « le stigmate ».

Le pollen entre dans la fleur par le stigmate et rejoint les ovules
dans l'ovaire. Il féconde les ovules qui deviennent des graines.

Une fois la fleur fécondée, elle se fane et perd ses pétales.
L'ovaire grossit pour devenir un fruit qui protège les graines.

Chez les conifères, le pollen est transporté directement sur l'ovule.

Les parties d'une fleur

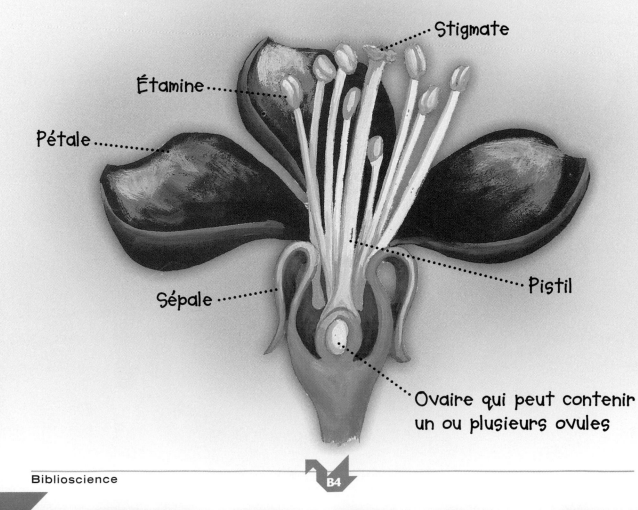

Stigmate

Étamine

Pétale

Sépale

Pistil

Ovaire qui peut contenir
un ou plusieurs ovules

Les différents types de fruits

Une **drupe** est un fruit charnu qui contient une seule graine. Cette graine est enfermée dans un noyau. *Exemples*: pêche, cerise, abricot, prune, mangue.

Une **baie** est un fruit charnu qui contient plusieurs graines. On appelle ces graines les pépins. *Exemples*: citron, kiwi, fruit de la Passion, orange, raisins.

Un **akène** est un fruit sec qui renferme une seule graine. *Exemples*: gland, noisette.

Une **gousse** est un fruit sec qui contient plusieurs graines. *Exemples*: haricot, pois mange-tout, vanille.

On dit que les graines des conifères sont nues parce qu'elles ne sont pas protégées par un fruit. Ces graines sont contenues dans des cônes. Les écailles dures des cônes s'ouvrent pour libérer les graines.

La dispersion des graines

Afin d'assurer la survie de leur espèce, les plantes produisent généralement un grand nombre de graines. Quelques-unes de ces graines seulement trouvent un endroit où se développer. Pour répandre leurs graines, les plantes utilisent différents moyens de transport.

Le vent disperse certains fruits qui ont des poils ou des ailes.

L'eau est utile au cocotier pour disperser ses graines. Ainsi, les noix de coco peuvent naviguer au gré du courant, sur de très longues distances.

Les fruits de certaines plantes
sont munis de petits crochets.
Ils s'accrochent parfois
à la fourrure des animaux
et aux vêtements des humains.

Les animaux, en mangeant
des fruits, transportent des graines
dans leur système digestif.
Ils les rejettent dans leurs excréments.
D'autres animaux, comme l'écureuil,
oublient l'endroit où ils ont mis
des graines en réserve.

Lorsqu'ils sont rendus
à maturité, certains fruits
sèchent et s'ouvrent
brusquement pour
libérer leurs graines.

La nature

Petite graine deviendra grande

La plupart des plantes commencent leur cycle de vie par une graine.

Toutes les graines sont composées de trois parties :

- le tégument (l'enveloppe résistante qui protège la graine et qui empêche l'embryon de se dessécher);
- l'embryon (plante minuscule qui est inactive);
- le ou les deux cotylédons (la réserve de nourriture que l'embryon utilise lors de la germination).

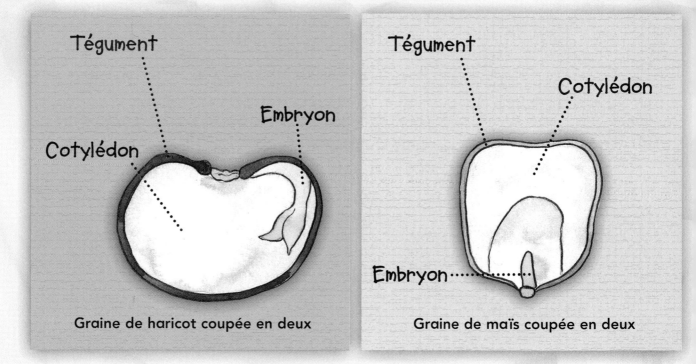

Graine de haricot coupée en deux

Graine de maïs coupée en deux

Les graines ne commencent pas toutes à germer dès qu'elles tombent sur le sol. Certaines graines peuvent rester dans un état de repos pendant des mois ou des années. C'est ce qu'on appelle la «dormance».

La germination commence lorsque les graines ont trouvé les conditions propices à leur développement (humidité et chaleur).

Les graines qui nous nourrissent

Tous les peuples de la Terre utilisent les graines pour se nourrir.
Dans certains fruits, seules les graines sont comestibles.
Dans d'autres fruits, la pulpe et l'enveloppe
peuvent aussi être mangées.
On utilise les graines dans la fabrication de plusieurs aliments.

Moutarde

Pain

Huile d'olive

Beurre d'arachide

Le cycle de vie d'une plante

1. Pendant la germination, la graine absorbe
   l'eau du sol et gonfle.
   L'embryon commence à se développer.
   L'enveloppe de la graine se brise.
   Les racines et la tige commencent à pousser.

4. Les graines, protégées dans un fruit,
   grandissent, puis sont libérées par la plante.
   Si ces graines trouvent les conditions propices à leur développement,
   elles germent et recommencent le même cycle.

2. Au début, la plante utilise la nourriture contenue dans la graine pour grandir et pour produire des feuilles. Ensuite, la plante produit sa propre nourriture à partir de l'air, de l'eau et de la lumière.

3. Peu à peu, la plante grandit et devient adulte. Elle produit des fleurs qui deviendront des graines à leur tour.

Le règne animal

Les vertébrés

Les vertébrés sont les animaux qui possèdent une colonne vertébrale.
Voici les cinq principales classes de vertébrés.

Les amphibiens

Les amphibiens ont la peau molle, humide et sans écailles. Ils pondent leurs œufs dans l'eau. Ces œufs n'ont pas de coquille et se transforment en têtards. Lorsqu'ils sont adultes, les amphibiens peuvent sortir de l'eau.

Grenouille

Triton

Salamandre

Les reptiles

Les reptiles ont une peau couverte d'écailles. La plupart pondent des œufs à coquille molle et souple. Certains reptiles donnent naissance à des petits déjà formés. Les dinosaures étaient des reptiles.

Lézard

Tortue

Serpent

Les poissons

Les poissons vivent et pondent
des œufs dans l'eau.
La majorité sont couverts d'écailles.
Pour respirer, les poissons absorbent
l'oxygène de l'eau à l'aide
de leurs branchies.
Le squelette de la plupart des poissons,
comme la truite, est fait d'os.
D'autres, comme le requin,
ont un squelette fait de cartilage.

Hippocampe

Truites

Requin

Les oiseaux

Les oiseaux sont les seuls animaux couverts de plumes.
Ils ont des ailes et la plupart volent.
Les œufs des oiseaux sont protégés par une coquille solide.
Ils sont déposés dans un nid.

Cardinal

Autruche

Manchots

La nature

Les mammifères

Les mammifères ont des mamelles.
Ils sont les seuls animaux à produire du lait.
Leur peau est généralement couverte de poils.
Certains mammifères possèdent même
une épaisse fourrure pour les protéger du froid.

La plupart des mammifères donnent naissance
à des petits qui ont déjà la forme
de leurs parents. Presque tous se déplacent
à quatre pattes.

Certains mammifères, comme les dauphins
et les baleines, vivent dans l'eau.
Les chauve-souris sont les seuls mammifères
qui peuvent voler.
L'être humain est aussi un mammifère.

Singe

Dauphin

Ours

Souris

Kangourou

Les invertébrés

La majorité des animaux de la Terre sont des invertébrés,
c'est-à-dire qu'ils n'ont pas de colonne vertébrale.
En voici quelques exemples.

Les invertébrés à pattes

Les **insectes** ont trois paires de pattes
et une ou deux paires d'ailes.
Leur corps est formé de trois parties :
la tête, le thorax et l'abdomen.

Sauterelle

Tous les **arachnides**
ont quatre paires de pattes.
Leur corps est formé
de deux parties : l'abdomen
et le thorax. La tête
est soudée au thorax.

Araignée

Le corps des **crustacés** est recouvert
d'une carapace résistante.
Les crustacés ont cinq paires ou plus
de pattes et deux paires d'antennes.

Crabe

Le corps des **myriapodes**
est composé de plusieurs
segments.
Chaque segment porte
une ou deux paires
de pattes.

Mille-pattes

La nature

Les invertébrés sans pattes

Les **annélides** se déplacent en rampant. Leur corps est mou et formé d'anneaux.

Vers de terre

Les **échinodermes** sont des organismes marins. Ils ont une peau épineuse.

Étoile de mer

Les **cnidaires** sont des animaux aquatiques à corps mou. Ils ont une bouche entourée de tentacules.

Anémone de mer

Les **mollusques** ont un corps mou et gluant qui est généralement protégé par une coquille.

Escargot

L'architecture

Un enfant est en train de bâtir un village
C'est une ville, un comté
Et qui sait
    Tantôt l'univers.

Il joue

HECTOR DE SAINT-DENYS-GARNEAU
Extrait du poème *Le jeu*

Coup de chapeau : Les Romains

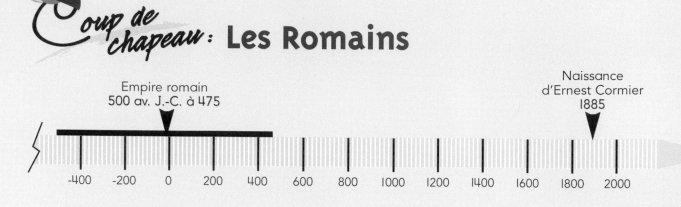

Empire romain
500 av. J.-C. à 475

Naissance
d'Ernest Cormier
1885

-400 -200 0 200 400 600 800 1000 1200 1400 1600 1800 2000

À une certaine époque, les Romains ont occupé une place très importante dans le monde. C'était de grands ingénieurs. Ils furent les premiers à construire des systèmes d'égouts dans leurs villes. Ils construisaient aussi des aqueducs pour y apporter l'eau potable. Encore aujourd'hui, certaines de leurs constructions sont considérées comme des merveilles.

À cette époque, les Romains utilisaient beaucoup les arches dans leurs constructions. Cette technique leur permettait de construire des édifices et des ponts solides. De plus, ils se servaient du ciment et du béton pour réaliser leurs différentes constructions.

L'Arc de Constantin construit à Rome, en 316.

Le pont du Gard, en France, est le plus grand pont-aqueduc de l'époque romaine.

Une des plus grandes réalisations des Romains est leur système routier. Avant eux, la plupart des routes étaient faites de terre. Quand il pleuvait, la circulation devenait difficile. Les Romains ont construit des routes utilisables en toutes saisons. De cette manière, leurs soldats pouvaient se déplacer rapidement.

Cette voie romaine mène au Forum. Elle a été construite il y a plus de 2000 ans.

Sur les traces des Romains

Ernest Cormier a été un pionnier de l'architecture au Québec. Il est né à Montréal, en 1885. Il a innové en construisant des édifices qui résistaient au feu grâce au béton armé. Il a réalisé plusieurs églises et de nombreuses écoles.

Le bâtiment principal de l'Université de Montréal est la plus grande œuvre d'Ernest Cormier. La maison Cormier et la Cour suprême du Canada comptent également parmi ses réalisations importantes.

La Cour suprême du Canada

La Maison Cormier

L'Université de Montréal

L'architecture

La stabilité

Les tours et les gratte-ciel

Avant, pour bâtir de hauts édifices, il fallait construire des murs très épais à la base. Avec cette méthode, on pouvait construire des édifices de quelques étages seulement.

En 1885, on a mis au point une nouvelle méthode de construction : la structure « en squelette ». On a pu ainsi construire le premier gratte-ciel. Dans ce type d'architecture, les murs et les planchers sont supportés par une charpente de béton ou d'acier. Il est aujourd'hui possible pour les architectes de concevoir des tours et des gratte-ciel de plus de 100 étages.

Le Chrysler Building, à New York, possède 77 étages. Il mesure 319 m de hauteur. Il est considéré comme un des plus beaux gratte-ciel au monde.

L'édifice situé au 1000, rue de la Gauchetière est le plus grand édifice à Montréal. Il possède 51 étages et mesure 205 m de hauteur.

Avec ses 553 m
de hauteur, la tour du CN,
à Toronto, est la plus haute
au monde. Elle sert
de tour de transmission
et de réception pour
la télévision et la radio.

Les tours Pétronas,
en Malaisie, mesurent
452 mètres et ont chacune
88 étages. Ces tours
jumelles sont reliées
par une passerelle entre
le 41ᵉ et le 42ᵉ étage.

La tour Sears, à Chicago,
fut pendant longtemps
la plus haute tour pour
bureaux de la planète.
Elle possède 110 étages et
mesure 520 m de hauteur.
Elle est composée de neuf
prismes de taille différente.

L'architecture

L'équilibre et le centre de gravité

Tous les objets sont attirés
vers le centre de la Terre
par une force qu'on appelle
la gravité ou la pesanteur.
Cette force nous permet
de nous tenir debout
n'importe où sur la Terre.

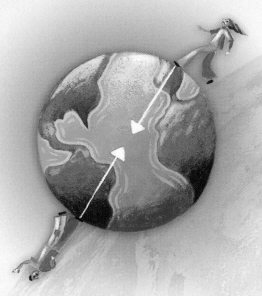

La pesanteur attire les objets
vers le bas à partir d'un point
imaginaire appelé le centre
de gravité. Le centre de gravité, c'est le point autour duquel la masse
est centrée. Tous les objets ont un centre de gravité.

L'équilibre d'une personne ou d'un objet dépend de son centre
de gravité. En général, un objet est en équilibre tant que son centre
de gravité est situé au-dessus de son point d'appui. Les objets
ont un meilleur équilibre lorsque leur centre de gravité est bas
ou que la surface de leur point d'appui est grande.

Centre
de gravité

Point d'appui

Personne en équilibre

Centre
de gravité

Point d'appui

Personne en déséquilibre

Le gecko est un lézard aux doigts palmés. Sa queue lui sert de contrepoids quand il marche.

Le flamant rose est capable de rester en équilibre en se tenant sur une seule patte lorsqu'il dort.

Le poids des voitures de course est placé le plus bas possible pour assurer une meilleure stabilité.

Ce jouet se relève toujours. Sa base est très lourde, ce qui abaisse son centre de gravité.

Un tricycle offre à l'enfant un bon équilibre, puisque les points d'appui forment un triangle.

L'architecture

La forme triangulaire

Le triangle est une forme qui est souvent utilisée en architecture parce qu'elle est stable et solide. Lorsqu'on applique une force à un triangle, tous ses côtés travaillent pour l'empêcher de se déformer. On trouve la forme triangulaire dans plusieurs structures de notre environnement.

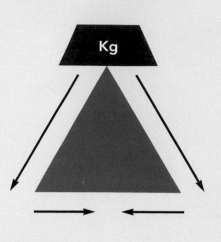

Les pylônes sont formés de plusieurs triangles qui assurent une structure stable et solide.

Afin de rester stable lorsqu'elle boit, la girafe écarte les pattes pour former un triangle.

L'architecture

Les habitations

Les animaux constructeurs

Les oiseaux construisent des nids pour garder leurs œufs en sécurité et à la chaleur. Ils utilisent des matériaux tels que des brindilles, des ficelles, des plumes, de la mousse, de la boue, etc.

Les termites construisent des termitières impressionnantes avec de l'argile.

Certains animaux passent leur vie en plein air. D'autres sont de vrais experts en construction. Ils construisent des maisons pour élever leurs petits et pour se protéger. Les animaux utilisent les matériaux qu'ils trouvent dans leur milieu pour fabriquer leur habitation.

Les castors abattent des arbres à l'aide de leurs dents. Ils s'en servent pour construire des barrages et des huttes.

Les araignées tissent des toiles. Elles les fabriquent avec la soie qu'elles sécrètent sur leur ventre.

Les nids fabriqués par les guêpes ont la texture du papier. Ils sont faits avec du bois mâché, de la salive et de l'eau.

Les maisons autour du monde

Les êtres humains habitent des maisons. Ils construisent ces maisons avec des matériaux qui diffèrent selon leurs habitudes de vie et le climat.

Une yourte mongole.

Une hutte en Afrique.

Un igloo dans le Grand Nord.

Une maison sur pilotis au Vietnam.

Une maison en Suisse.

La solidité

Tension et compression

Pour construire des structures solides, il faut utiliser les méthodes et les matériaux appropriés. Les structures sont soumises à différentes forces. Par exemple, lorsque les matériaux sont tirés ou étirés, on dit qu'ils sont en **tension**.

Lorsque les matériaux sont poussés ou écrasés, on dit qu'ils sont en **compression**.

La forme cylindrique

Les structures de forme cylindrique sont très résistantes. Elles peuvent supporter de lourdes charges. Lorsqu'on applique une force sur l'extrémité d'un cylindre, cette force est répartie également sur toute la surface de sa paroi.

On utilise la forme cylindrique dans la conception de plusieurs objets pour leur assurer une plus grande solidité.

On utilise des cylindres géants comme piliers pour les plates formes pétrolières.

La tige de cette plante doit être solide pour pouvoir supporter sa fleur.

La tige du bambou est reconnue pour sa grande solidité.

L'arche et le dôme

L'arche et le dôme sont des structures
très jolies et très résistantes.
Elles peuvent supporter de lourdes charges.
Lorsqu'une masse est supportée par une arche
ou par un dôme, la pression est répartie
également sur toute la surface de la structure.

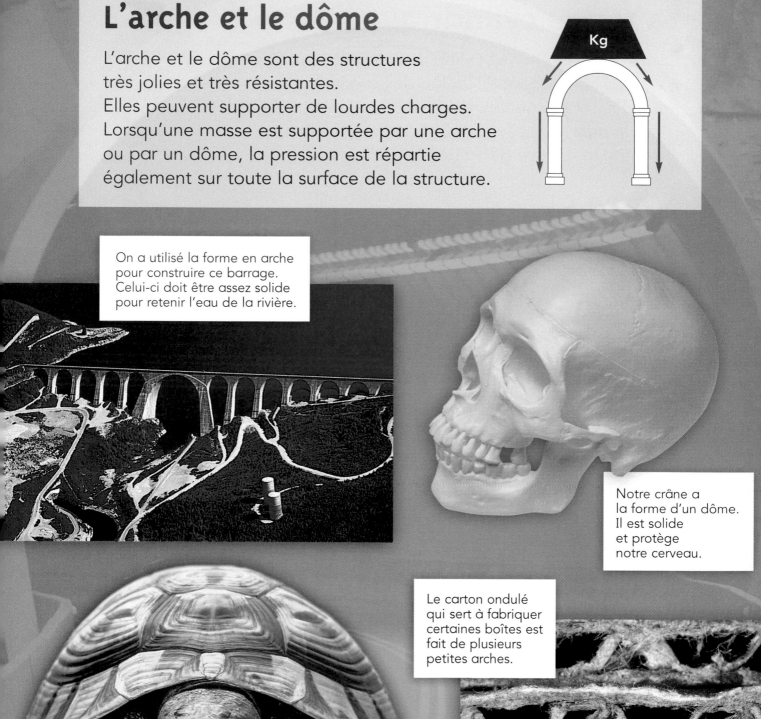

On a utilisé la forme en arche
pour construire ce barrage.
Celui-ci doit être assez solide
pour retenir l'eau de la rivière.

Notre crâne a
la forme d'un dôme.
Il est solide
et protège
notre cerveau.

Le carton ondulé
qui sert à fabriquer
certaines boîtes est
fait de plusieurs
petites arches.

Les tortues entrent leurs pattes
et leur tête dans leur carapace
pour se protéger.

Les ponts

Les ponts sont des constructions bien spéciales.
Ils permettent de franchir les obstacles qui se dressent
sur notre chemin (cours d'eau, routes, etc.).

Il existe différents types de ponts.

Le pont à poutres

Le tablier de ce type de pont repose sur
de longues poutres. Au besoin, ces poutres
sont soutenues par de hauts piliers.

Le pont reliant Saint-Léonard
(N.-B.) à Van Buren (Maine,
É.-U.).

Il existe un type de pont à poutres
que l'on appelle « Cantilever ».
Le tablier de ce pont est soutenu
par une structure d'acier faite de poutres.
Ces poutres s'entrecroisent au-dessus
de la route.

Le pont de Québec.

Le pont en arc

Le tablier d'un pont en arc est soutenu par une grande poutre arrondie en forme d'arche. Ce pont permet d'enjamber de larges surfaces.

Le Pont des Amériques à Panamá, en Amérique centrale.

Le pont suspendu

Le tablier d'un pont suspendu est accroché à des câbles d'acier. Ces câbles sont soutenus par des tours fixées au sol à chaque extrémité du pont.

Le pont de Golden Gate à San Franscisco (É.-U.).

Sources des photographies et des illustrations

PHOTOS

Couverture : Mégapresse/Réflexion, Tessier (pont de Québec), Gagné (Stade olympique)

Alpha-Presse : p. B12 J.C. Teyssier

Archives de la Presse canadienne :
p. 51 (béluga) • p. 94 (pont) • p. B13 (truite) • p. B15 (sauterelle) • p. B33 (pont Cantilever)

Collection Centre canadien d'architecture / Canadian Center Architecture, Montréal :
p. B19 Fonds Ernest Cormier

Corbis/Magma : p. 52 Robert Pickett (hamster) • p. 56 Tim Wright • p. 57 Tom Bradefield • p. B5 Owen Franken (gousse de vanille) • p. B7 Papilio (écureuil) • p. B9 Wolfgang Kaehler (arachides) • p. B34 Danny Lehman (pont en arc), Roger Ressmeyer (pont suspendu)
– <u>Archivo Iconographico</u> : p. 72 (temple) • p. 133

André Cyr : p. B13 (cardinal) • p. B14 (ours)

Dorling Kindersley Picture Library : p. 3 (nuage et fougère) • p. 53 (graine germée) • p. B9 (plant de moutarde) • p. B16 (vers de terre) • p. B28 (yourte)

Getty/Stone : p. B6 Andy Roberts (pissenlit), Darryl Torckler (noix de coco)

Médiathèque du Jardin botanique de Montréal : p. 13 • p. B3 (frère Marie-Victorin) • B5 (cône de conifère) • p. B9 (olivier)

Professeur Brock Fenton : p. 51 (chauve-souris)

Mégapresse/Réflexion : p. 4 Edgar • p. 32 J. Pharand • p. 52 Lépine (lapin) • p. 69 S. Prunenec (église), Burch (mur) • p. 70 T. Bognár, (pyramides), H. Kandert (temple), • p. 71 T. Bognár (Taj Mahal et église), M. Newman (opéra de Sydney) • p. 72 T. Bognár (Colisée), M. Gagné (stade) • p. 73 T. Bognár • p. 91 T. Bognár (tour de Pise), M. Newman (tour Eiffel), P. Quittemelle (tour du CN), M. Howell (Empire State Building) • p. 94 T. Bognár (tour de Pise) • p. 95 J. Pharandip. 103 T. Bognár (banque de Chine), M. Newman (tour Eiffel) • p. 116 M. Gagné (pont Jacques-Cartier), P. Quittemelle (pont Laviolette) • p. 134 T. Bognárip. B5 D.

Hall (glands), p. B9 Garo (huile d'olive) • p. B12 E. Dugas (grenouille), Kuhnigk (salamandre et serpent), Burch (lézard), O'Neil (tortue) • p. B13 D. Brandelet (hippocampe), R. Morse (requin), G. Sioen (autruche), G. Robertson (manchot) • p. B14 Philiptchenko (singe), (dauphin), S. Schanz (kangourou), Jones (souris) • p. B15 T. Beck (araignée), Burch (crabe), Livadaras (mille-pattes) • p. B16 R. Morse (étoile de mer), (anémone de mer), Edgar (escargot) • p. B18 T. Bognár (arc) • p. B19 T. Bognár (Cour suprême), Gardon (maison d'Ernest Cormier) • p. B20 M. Noble (Chrysler Building) • p. B21 T. Bognár (tours Pétronas), M. Buchanan (tour Sears), P. Quittemelle (tour du CN) • p. B22 Burch (gymnaste) • p. B23 K. Cooke (enfant), (voiture de course), O. Neill (flamant) • p. B24 O. Neill (girafes) • p. B25 R. Edgar (croix), Egli (vélo), M. Gagné (biosphère), Gardon (charpente de toit) • p. B27 Caron (nid de guêpe), P. Quittemelle (hutte de castor) • p. B28 Burch (huttes) • p. B29 D. Caron (maisons sur pilotis), T. Bognár (maison en Suisse) • p. B30 M. Daniels (corde à linge) • p. B31 L. Boucher (jeu), E. Grames (bambous)
– <u>Mauritius</u> : p. B22 (garçon)

Niagara Falls Bridge Commission : p. 116 (pont Lewinston)

Publiphoto : p. B19 A. Cartier (université) • p. B20 C. Ouellette (édifice 1000) • p. B26 Paul G. Adam (termitière) • p. B30 Paul G. Adam (pêcheur) • p. B32 C. Girouard (tunnel), (carton)
– <u>Colibri</u> : p. B26 C. Brachet (nid d'hirondelles), D. Cordier (loriot jaune)
– <u>Explorer</u> : p. B18 D. Reperant (pont) • p. B19 A. Wolf (voie romaine)
– <u>Researchers</u> : p. B23 T. McHugh (gecko) • p. B31 K. Biggs (plateforme de forage)
– <u>Science Photo Library</u> : p. 63 • p. B3 (Aristote) • p. B9 Maxmillianstock ltd (miches de pain) • p. B27 Adam Hart-Davis (toile d'araignée) • p. B32 Gusto (tortue)

Luc Saint-Pierre : p. B31 (tulipe)

Superstock : p. B29 (igloo)

ILLUSTRATIONS

Chantal Audet : p. 14 à 17, 20, 46, 62

Anne-Marie Charest : couverture, p. 5, 9, 12, 22, 31, 34, 35, 37, 40, 43, 45, 48, 50, 59, 64, 65, B4, B10, B11

Léanne Franson : p. 6, 7, 10, 11, 18, 23, 24, 28, 29, 33, 39, 42, 47, 53, 56, B2, B8

Gabrielle Grimard : p. 68, 83, 84, 89, 93, 111, 112, 120, 123, 124, 126, 128, 129, 130, 131

Mylène Henry : p. III, IV, VI, 1, 8, 21, 25 à 27, 32, 36, 38, 41, 44, 49, 51, 61, B1, B6

Marie Lafrance : p. 74, 75, 81, 82, 87, 105, 110, 117 à 119, 121, 125, B17

Josée Masse : p. 66, 67, 76, 96 à 99, 104, 107, 108, 113, 114, 122, 132, B22